카페 Salad 메뉴 101

더 맛있는 이유가 뭘까?

메뉴 이재훈 by TEAM 까델루뽄

수작 걸다

쉽고, 빠르고, 맛있게!
샐러드 한 접시의 행복을 전합니다.

바야흐로 샐러드의 시대가 도래했습니다. 가볍고, 건강하고, 맛있는 샐러드를 찾는 이들이 늘고 있지요.
서촌에 있는 저의 <까델루쁘> 주방도 예외는 아닙니다. 매일 샐러드로 시작해 샐러드로 끝나지요.
365일 매일매일 다른 메뉴의 런치 샐러드! 저의 고집이자 제철재료를 놓치지 않으려는 마음가짐이기도 합니다.
동네 마트의 채소코너 풍경이 달라졌나요? 주저하지 말고 당신의 주방을 샐러드 카페로 바꿔보세요.

고칼로리보다는 건강한 음식에 대한 니즈가 커지면서 이제 샐러드는 365일 사랑받는 메뉴가 되었습니다. 카페, 레스토랑, 음식점 등 요리분야와 공간을 불문하고 각양각색의 샐러드를 선보이고 있지요. 어릴 적 과일에 마요네즈를 버무려주던 어머니의 사라다 시절을 떠올리면 지금은 바야흐로 샐러드의 시대입니다.

햇살 좋은 봄날, 카페나 레스토랑에 앉아 커피 한 잔과 신선한 샐러드 한 접시의 여유를 느껴본 사람이라면 샐러드의 매력을 잘 알고 있을 거에요. 먹기도 아까울 만큼 깔끔하게 만들어진 샐러드를 한입 가득 넣으면 건강해지는 기분과 행복을 동시에 느낄 수 있지요. 하지만 막상 샐러드를 집에서 혼자 만들려면 괜히 망설여집니다. 채소손질, 보관, 소스 만들기 등 만만찮은 작업에 엄두를 못 내는 이들도 꽤 많습니다. 심플하지만 그만큼 공력이 필요한 요리가 샐러드이기 때문이지요.

서촌에 위치한 저의 레스토랑 <까델루쁘>의 테이블에는 매일의 런치 샐러드가 바뀝니다. 계절에 따라 좋은 식재료들이 바뀌는 것은 당연한 일이기에 다소 번거롭더라도 메뉴의 변화를 주고 있지요. 여기에는 저만의 노하우가 있는데 바로 '쉽고, 빠르고, 맛있게!'입니다. 요리에 입문하고 지난 20년 간 제가 지켜온 원칙이지요. 레스토랑뿐 아니라 숱한 쿠킹클래스와 강연, 그리고 메뉴 개발을 통해 인정받아온 샐러드 메뉴만을 엄선해 한 권의 책으로 모았습니다. 수 년간 서촌에서 함께 주방을 지켜온 스태프들과 함께했지요. 이 책이 많은 이들에게 건강과 요리의 즐거움을 알려줄 수 있기를 바라봅니다.

Contents

카페 Salad 메뉴 101

카페에서 먹는 샐러드, 왜 더 맛있을까? — 010
샐러드는 어떻게 이루어지는가? — 012
기본 드레싱 13가지 만들기 — 018

첫 번째 테이블
베이식 샐러드

그리스풍 샐러드 — 034
타이풍 해산물샐러드 — 036
케이준치킨샐러드 — 038
훈제연어와 오이샐러드 — 040
청포묵석류샐러드 — 042
구운 사과와 브리치즈샐러드 — 044
나초샐러드 — 046
안심구이를 곁들인 샐러드 — 048
훈제오리오렌지샐러드 — 050
시트러스샐러드 — 052
프로슈토와 멜론샐러드 — 054
발사믹에 볶은 해산물샐러드 — 056
니스풍 샐러드 — 058
모둠치즈샐러드 — 060
딸기리코타치즈샐러드 — 062

두 번째 테이블
식사 샐러드

시저샐러드 — 066
완두콩키위아보카도샐러드 — 068
시금치수란베이컨샐러드 — 070
알감자샐러드 — 072
B.L.T샐러드 — 074
닭가슴살토르티야샐러드 — 076
로즈마리향의 감자를 곁들인 로메인샐러드 — 078
키위와 올리브부르스케타 — 080
미니양배추명란샐러드 — 082
과일요구르트샐러드 — 084
레터스샐러드 — 086
루꼴라와 오렌지샐러드 — 088
허브빵가루를 곁들인 버섯샐러드 — 090
구운 가지와 토마토소스 — 092
연어구이를 곁들인 꾸스꾸스샐러드 — 094
콥샐러드 — 096
라따뚜이와 바게트 — 098
구운 양파와 닭가슴살구이샐러드 — 100
아스파라거스메추리알샐러드 — 102
콜리플라워피클과 고구마관자샐러드 — 104

Index

드레싱별 샐러드 & 샌드위치 찾기 — 220

세 번째 테이블

안주 샐러드

매시드포테이토와 마카로니샐러드 with 맥주 — 108
새송이튀김샐러드 with 맥주 — 110
튀긴 라이스페이퍼와 소라샐러드 with 맥주 — 112
구운 두부와 버섯샐러드 with 맥주 — 114
월남쌈샐러드 with 맥주 — 116
중화풍 구운 가지와 옥수수샐러드 with 맥주 — 118
래디시와 오이샐러드 with 와인 — 122
연어감자샐러드 with 와인 — 124
치미추리안심샐러드 with 와인 — 126
아보카도무스와 엔다이브관자샐러드 with 와인 — 128
구운 채소샐러드와 고르곤졸라크림 with 와인 — 130
바질페스토오징어샐러드 with 와인 — 132
레몬버터치킨과 아스파라거스 with 와인 — 134
돌나물바지락샐러드 with 소주 — 136
달래관자샐러드 with 소주 — 138
알배추전샐러드 with 소주 — 140
차돌박이샐러드 with 소주 — 142
트러플향의 육회샐러드 with 소주 — 144
엔다이브게살샐러드 with 소주 — 146
스페인스타일의 홍합샐러드 with 소주 — 148

네 번째 테이블

다이어트 샐러드

비트과일샐러드 — 152
구운 콜리플라워샐러드 — 154
발사믹방울토마토샐러드 — 156
아보카도무스오렌지샐러드 — 158
문어시트러스샐러드 — 160
토마토밀푀유 — 162
오이게살샐러드 — 164
콜리플라워와 브로콜리샐러드 — 166
사과닭가슴살샐러드 — 168
루꼴라닭가슴살샐러드 — 170
구운 토마토샐러드 — 172
멜론토마토샐러드 — 174
모둠콩과 보코치니치즈샐러드 — 176
구운 파프리카로 감싼 참치샐러드 — 178
주꾸미와 미니양배추의 타이풍 샐러드 — 180
애호박페타치즈샐러드 — 182
바질페스토애호박샐러드 — 184
참치샐러드 — 186
토마토카르파치오 — 188
새우판짜넬라 — 190

다섯 번째 테이블
활용 샌드위치

케이준치킨샌드위치 — 194
딸기키위과일샌드위치 — 195
치미추리샌드위치 — 198
치즈샌드위치 — 200
바질페스토샌드위치 — 202
지중해풍 샌드위치 — 204
아보카도무스와 새우샌드위치 — 205
시저샌드위치 — 208
프레시모짜렐라샌드위치 — 210
B.L.T샌드위치 — 212
닭가슴살샌드위치 — 213
오이크래미샌드위치 — 216
포테이토샌드위치 — 218

한 끗 차이! 맛있는 샐러드의 조건
카페에서 먹는 샐러드, 왜 더 맛있을까?

많은 분들이 묻습니다.
같은 재료로 만들었는데 왜 맛이 다른가요?
레시피 그대로 했는데 왜 비주얼이 다를까요?
맛있는 샐러드의 비밀, 지금부터 공개합니다.

첫째, 채소는 물에 담가 신선함을 유지시킨다
샐러드용 채소, 어떻게 보관하나요? 보관할 틈도 없이 곧장 씻어 드레싱을 뿌려 먹나요? 맛있는 샐러드의 첫 번째 비밀은 '채소의 신선함 유지'입니다. 샐러드용 채소는 숨이 죽지 않도록 미리 찬물에 담갔다 사용해야 합니다. 채소의 푸릇함이 샘솟아 샐러드가 더 맛있어집니다.

둘째, 채소의 수분을 충분히 제거한다
채소의 수분이 그대로이면 샐러드에 물기가 생겨 드레싱과 분리되기 쉽습니다. 비주얼은 물론 맛 또한 떨어지죠. 샐러드용 채소들은 차가운 물에 담그나 흐르는 물에 씻은 뒤 반드시 체에 밭쳐 물기를 완벽하게 제거하고 사용합니다.

셋째, 드레싱은 직접 만든다
시판 드레싱은 화학적인 첨가물이 들어 있어 신선함이 떨어지는 경우가 많습니다. 가능한 직접 만들어 드시길 권합니다. 다만 한 번에 너무 많은 양을 만들어 냉장고에 두면 다른 음식의 향이 밸 수 있습니다. 드레싱은 쉽게 상하지는 않지만 여러 변수가 있기에 자신의 식습관에 맞춰 적당량을 만들어 사용합니다.

넷째, 채소코너와 친해지기
샐러드의 기본이 되는 채소들은 제철재료를 기본으로 합니다. 마트의 채소코너야 말로 제철의 영향을 가장 많이 받지요. 매주 변하는 채소 진열대 앞에서 계절의 변화를 느껴보세요. 샐러드 한 그릇에 계절을 담으세요.

다섯째, 자신감 갖기
어떤 좋은 책과 레시피를 가지고 있더라도 도전하지 않는다면 아무 소용이 없지요. 채소를 조금 다르게 썰거나 손으로 뜯어도 좋습니다. 드레싱 계량이 조금 달라져도 괜찮습니다. 또는 레시피상의 재료가 한두 개 빠져도 상관없습니다. 지금 당장 주방으로 달려가 냉장고를 열어보세요. 그리고 당신의 샐러드를 만드세요.

SALAD

5단계로 만드는 샐러드
샐러드는 어떻게 이루어지는가?

STEP 1
BASE

+

STEP 2
VEGETABLE & FRUITS

+

STEP 3
PROTEIN

+

STEP 4
TOPPING

+

STEP 5
DRESSING

샐러드는 사실상 조합의 문제이기도 합니다.
BASE + VEGETABLE & FRUITS + PROTEIN + TOPPING + DRESSING
기본 단계를 거쳐 샐러드가 완성되지요. 접시에 베이스 채소를 깔고 채소&과일, 육류 또는 해산물을 선택해 올립니다. 그리고 토핑을 하고 드레싱을 뿌려 마무리합니다. 과정만 있을 뿐 반드시 무엇을 넣어야 한다는 지침은 없지요. 래디시를 채소로 넣느냐 토핑으로 활용하느냐는 오직 이 책을 읽는 당신의 취향에 달렸지요. 자신의 취향에 맞춰 재료의 조합을 즐겨보세요.

STEP 1
BASE

파스타에 기본이 파스타 면이라면 샐러드의 기본은 베이스 채소입니다. 주로 잎채소 중심으로 쓰이는데 최근에는 다양해진 샐러드 메뉴만큼이나 베이스 채소의 범주도 넓어지고 있습니다. 줄기채소부터 열매채소, 다양한 곡물식품 등을 활용해보세요.

열매채소
오이, 호박, 옥수수, 강낭콩, 가지를 시작으로 흔히 과일이라 생각하는 토마토, 참외, 딸기, 수박 등도 넓은 의미의 과채류에 속해요. 같은 종이라도 지역, 계절에 따라 맛이 다르지요.

줄기채소
아스파라거스, 셀러리, 근대처럼 줄기를 먹는 채소로 칼이나 필러로 섬유질이 많이 분포되어 있는 껍질을 살짝 제거한 뒤 섭취해요. 너무 가늘지 않고 짙은 색으로 고르세요.

잎채소
양상추, 라디치오, 시금치, 상추 등 잎을 이용하여 먹는 채소로 대부분이 수분 함유량이 높고 비타민C, 비타민K가 풍부해요. 잎이 단단하며 축 처지지 않아야 신선합니다.

STEP 2

VEGETABLE & FRUITS

베이스 채소를 제외한 서브채소와 과일, 허브는 샐러드에 다양한 향과 맛을 내줍니다. 대부분 나트륨 함유량과 칼로리가 낮은 반면 칼륨, 칼슘, 인, 비타민 등이 풍부하지요. 컬러와 향을 골라 사용하세요.

컬러채소
적양파, 당근, 롤라로사, 루꼴라 등의 컬러채소들은 샐러드의 비주얼을 보다 화려하게 만들어요. 각각의 컬러마다 함유된 영양소도 달라요.

향채소
잎이나 줄기가 향을 내는 허브는 라틴어로 '푸른 풀'이라는 뜻이지요. 너무 많은 양을 넣으면 음식 본연의 맛을 해칠 수 있으므로 적당량 사용이 중요해요.

과일
과일은 식용으로 사용하는 열매로 종류에 따라 과즙과 당도가 제각각이죠. 사과, 배, 딸기, 살구, 복숭아 등 인류의 역사와 함께 자라온 과일로 샐러드의 품격을 높여주세요.

SALAD

STEP 3
PROTEIN

육류나 해산물, 콩, 치즈 등이 해당됩니다.
주재료가 채소인 샐러드는 단백질 섭취가 쉽지 않지요.
다양한 재료로 샐러드의 영양 밸런스를 맞춥니다.

고기
소고기, 돼지고기, 닭고기, 오리고기 등
식탁 위에 오르는 육류 대부분 샐러드
재료로 사용 가능해요. 식사 샐러드, 안주
샐러드에 잘 어울리는 재료입니다.

해산물
참치, 연어, 새우를 필두로 죄근 문어, 조개,
해산물 등도 자주 샐러드 재료로 오르지요.
샐러드에 해산물을 넣을 때 허브를 넣으면
비린내 제거에 효과적입니다.

가공식품
육류와 해산물을 대신해 베이컨, 햄,
프로슈토, 크래미 등의 가공식품으로도
단백질 공급이 가능해요. 채소나 과일
등과 조합해 넣습니다.

SALAD

곡물
나초, 청포묵, 꾸스꾸스, 토르티야, 라이스페이퍼 등 잎채소와 함께 접시에 깔 수 있는 재료예요. 샐러드의 부족한 탄수화물을 보충해주며 담백하고 단맛을 내주죠. 토르티야, 라이스페이퍼처럼 그릇으로 사용 가능한 가공식품도 인기입니다.

STEP 4

TOPPING

토핑은 샐러드의 고명을 뜻합니다. 모든 샐러드 재료를 넣고 가장 마지막 단계에 토핑을 뿌립니다. 허브, 견과류, 스파이시로 샐러드에 포인트를 주세요. 컬러와 향은 물론 맛에 변신을 가져옵니다. 다양한 곡물과 치즈도 토핑 재료로 즐겨 활용되어요.

치즈
나라마다 대표하는 치즈(이탈리아-그라노파다노·모짜렐라, 프랑스-브리·카망베르, 스위스-에멘탈·그뤼에르)가 수십 가지씩 있을 만큼 치즈는 세계적인 식재료이지요. 단백질과 지방, 비타민이 풍부하며 샐러드에 넣으면 깊은 풍미를 내줘요.

SALAD

허브
민트, 바질, 로즈마리, 타임 등은
음식의 맛을 더욱 돋우지요.
말려 잘게 부순 허브는 샐러드
장식용으로 즐겨 사용됩니다.

견과류
호두, 아몬드, 잣 등의 견과류는
10대 건강식품으로 꼽히지요.
담백하고 고소한 맛을 내어
그대로 사용하거나 살짝 볶아서
혹은 갈아서 사용해요.

스파이시
정향, 계피 등의 향신료는 사전적 의미로
'향긋한', '풍미가 있는' 등을 뜻해요. 유럽에서는
예전에 금값에 비교할 만큼 귀했으며 약재로도
사용되었지요. 향이 부족할 수 있는 샐러드에
생기를 불어 넣어주는 역할을 해요.

SALAD

STEP 5
DRESSING

드레싱은 영어 'Dress'에서 따온 말로 '옷을 입는다'는 의미예요. 말 그대로 채소에 뿌리면 더욱 예쁘고 맛있는 음식으로 재탄생됩니다. 드레싱은 절대 미리 부어놓지 마세요. 채소에 물기가 생기면서 금세 채소 숨이 죽어 샐러드의 맛과 비주얼을 떨어트립니다. 기본 드레싱을 만들어두고 여러 가지 재료를 섞어보세요. 13가지 드레싱 레시피를 소개합니다.

그 외
바질페스토, 아보카도무스처럼 채소를 그대로 갈아 만드는 드레싱도 있지요. 신선한 재소의 풍미를 가장 잘 살릴 수 있는 방법이에요. 빵이나 샌드위치 등에 다평소스처럼 활용해도 좋아요.

크림류
여러 식재료가 조합을 이루는 샐러드는 크림류의 드레싱이 제격이에요. 참깨드레싱, 허니머스터드, 시저드레싱, 피넛드레싱, 발사믹리덕션 등이 있어요.

오일류
시트러스류의 과일이나 해산물이 들어간 샐러드에 잘 어울려요. 특히 치마추리드레싱은 육류와 찰떡궁합이지요. 레몬드레싱, 이탈리안드레싱, 발사믹드레싱, 비네거드레싱, 타이드레싱 등이 있어요.

SALAD

레몬드레싱 *600ml* / 보관기간 1개월 / 냉장보관

로마시대 때부터 사랑 받아온 클래식한 드레싱입니다. 레몬의 상큼한 맛이 침샘을 자극하여 식욕을 돋우지요. 레몬 대신 자몽, 오렌지, 라임 등 시트러스 계열의 과일만 있다면 만들 수 있어요. 해산물부터 전채요리까지 다양한 요리에 사용이 가능하며, 냉장보관해두고 사용 전에 잘 섞어 씁니다.

ASSEMBLE
레몬즙 5와1/2개분, 올리브오일 250ml, 꿀 80ml, 소금·후춧가루 1/3작은술씩

RECIPE
올리브오일을 제외한 모든 재료를 섞은 뒤 마지막에 올리브오일을 천천히 부으며 섞는다.

SALAD

발사믹드레싱 *1300ml* / 보관기간 3개월 / 냉장보관

올리브오일의 단짝친구 발사믹식초를
이용한 드레싱입니다. 그대로 사용해도
좋고 재료를 넣고 살짝 볶아도 좋습니다.
질 좋은 식초나 올리브오일만 있다면
언제나 새로운 드레싱을 만들 수 있지요.
발사믹식초가 없다면 흑초로 대신하세요.

ASSEMBLE

발사믹식초·올리브오일 500ml씩, 꿀 120ml, 바질잎 5장,
다진 양파 1/2개분, 소금·후춧가루 1/3작은술씩

RECIPE

올리브오일과 바질잎을 제외한 모든 재료를 섞은 뒤
올리브오일을 천천히 넣고 섞는다. 바질잎은 얇게
슬라이스해서 마지막에 넣는다.

SALAD

이탈리안드레싱 *700ml* / 보관기간 3개월 / 냉장보관

이탈리아 유학 시절 냉장고에 늘 있던 재료로 즐겨 만들던 드레싱입니다. 샐러드에 넣고 섞으면 이탈리아 본토의 느낌이 물씬 나지요. 해산물, 채소, 과일 등에 잘 어울리며 올리브나 바질을 첨가하기도 합니다.

ASSEMBLE

다진 양파 1/10개분, 다진 블랙올리브 3개분, 슬라이스 바질잎 5장분, 토마토소스 5큰술, 화이트와인식초·올리브오일 250ml씩, 꿀 100ml, 간 마늘 1/2큰술, 소금·후춧가루 1/3작은술씩

RECIPE

다진 양파와 블랙올리브, 화이트와인식초, 토마토소스, 간 마늘을 볼에 담고 올리브오일을 조금씩 넣으며 섞는다. 꿀과 소금, 후춧가루, 바질잎을 넣어 한 번 더 섞는다.

SALAD

참깨드레싱 *400ml* / 보관기간 3개월 / 냉장보관

참깨, 간장, 마요네즈를 넣고 만들어 담백하고
고소한 맛을 내는 드레싱입니다. 느끼할 것 같지만
의외로 한식과 잘 어울리지요. 각종 한식 양념으로
다양하게 활용해보세요. 사용 전에 반드시
섞어주세요.

ASSEMBLE

검정깨·참깨·설탕·맛술·간장 2큰술씩, 간 마늘 1/2큰술,
마요네즈 2/3컵(250g), 발사믹식초 50ml

RECIPE

모든 재료를 믹서에 넣고 갈아준다.

SALAD

치미추리드레싱 *300ml* / 보관기간 15일 / 냉장보관

이름도 생소한 이 드레싱은 파슬리를 주재료로 사용한 드레싱으로 주로 남미 지역에서 즐겨 먹습니다. 특히 고기요리에 곁들이면 진가를 발휘하지요. 수개월 보관 가능하지만 바질페스토처럼 냉장고에 오래 두면 신선함이 떨어지므로 가급적 빠른 시간 내에 사용하시길 권해요.

ASSEMBLE

이태리파슬리 150g, 청고추 1개, 적양파 1/4개, 바질잎 2장, 마늘 1쪽, 엑스트라버진 올리브오일 150ml, 레드와인식초 또는 식초 2큰술, 소금·후춧가루 약간씩

RECIPE

파슬리는 잎만 따고 청고추는 씨를 제거한다. 모든 재료를 믹서에 넣고 갈아준다. 사용 후 남은 드레싱은 소분해 냉동보관한다.

SALAD

비네거드레싱 *550ml* / 보관기간 3개월 / 냉장보관

와인식초로 만든 드레싱입니다. 채소와 버무리면 깔끔함을 즐길 수 있지요. 기본 드레싱에 허브와 향신료를 더하면 새로운 드레싱을 만들 수 있답니다. 집에 있는 현미식초, 사과식초 등을 이용해도 좋아요.

ASSEMBLE

바질잎 5장, 딜 5줄기, 화이트와인식초 또는 레드와인식초 150ml, 엑스트라버진 올리브오일 350ml, 꿀 5큰술

RECIPE

바질잎과 딜을 다진 뒤 엑스트라버진 올리브오일을 제외한 모든 재료를 섞는다. 마지막에 엑스트라버진 올리브오일을 조금씩 넣어가며 섞는다.

SALAD

타이드레싱 *300ml* / 보관기간 3개월 / 냉장보관

동남아 여행에서 맛보고 반한 드레싱입니다.
일상적인 재료로 이국적인 맛의 드레싱을 만들 수
있지요. 동남아 식재료나 허브, 해산물과도 궁합이
좋아요. 매운 맛을 조절하고 싶다면 고추 씨를
제거하거나 양을 줄여 넣으세요.

ASSEMBLE

청고추 1개, 마늘 3쪽, 올리브오일 200ml,
레몬즙·식초 3큰술씩, 설탕·견과류 2큰술씩,
간장·페페론치노 1큰술씩

RECIPE

믹서에 모든 재료를 넣고 갈아준다.

SALAD

바질페스토 *130ml* / 보관기간 15일 / 냉장보관

이탈리아 제노바 지역의 전통 소스로 세계적으로 인기를 끌고 있는 소스입니다. 한번 만들어두면 활용도도 높지요. 피자, 샐러드 등에 두루 쓰이고 특히 파스타 소스로도 인기입니다. 치미추리드레싱처럼 소분해 냉동보관해두고 사용하세요.

ASSEMBLE

바질 50g, 엑스트라버진 올리브오일 50ml,
마늘 1쪽, 그라노파다노치즈·구운 잣 1큰술씩,
소금·후춧가루 1/4작은술씩

RECIPE

바질은 줄기를 제거하고 그라노파다노치즈는
치즈그라인더로 갈아준다. 모든 재료를 한데 모아
핸드블렌더로 곱게 간다.

SALAD

피넛드레싱 *300ml* / 보관기간 6개월 / 냉장보관

땅콩의 고소한 맛이 살아 있는 드레싱입니다. 채소와도 잘 어울리지만 토스트나 크래커에 곁들여도 맛있지요. 특히 구운 삼겹살과 함께하면 색다른 맛이 납니다. 땅콩이 없다면 다른 견과류로 만들어보세요. 견과류마다 고소함과 풍부한 맛이 달라 또 다른 매력을 느낄 수 있어요.

ASSEMBLE
땅콩버터 4큰술, 꿀·간 마늘 1/2큰술씩, 레몬 1/2개, 엑스트라버진 올리브오일 200ml

RECIPE
레몬 스퀴저로 레몬즙을 짠 뒤 믹서에 모든 재료를 넣고 갈아준다.

SALAD

시저드레싱 *500ml* / 보관기간 3개월 / 냉장보관

치즈와 겨자를 넣고 만든 드레싱으로 상큼하면서도 고소한 맛을 내지요. 특히 양상추나 로메인 같은 상추과 채소와 잘 어울립니다. 레시피상에는 엔초비가 들어가지만 기호에 따라 생략해도 좋습니다.

ASSEMBLE

엔초비 2마리, 마요네즈 8큰술, 꿀·올리브오일·파마산치즈가루 4큰술씩, 레몬즙 3큰술, 간 마늘·디종머스터드 1큰술씩, 소금·후춧가루 1/2작은술씩

RECIPE

믹서에 파마산치즈가루를 제외한 모든 재료를 넣고 갈아준 뒤 파마산치즈를 넣고 뭉치지 않게 잘 섞는다.

SALAD

아보카도무스 *250ml* / 보관기간 3일 / 냉장보관

아보카도의 부드러움이 깊이 전해지는 소스입니다. 해산물과 잘 어울리고 빵과 매치해도 맛있지요. 아보카도무스는 만들어 놓고 시간이 지나면 금세 변색되므로 바로 사용하는 게 좋아요. 레몬즙을 더 첨가하면 변색을 지연시킬 수 있지만 그만큼 묽어질 수 있으니 주의하세요.

ASSEMBLE

아보카도 1개, 꿀 또는 올리고당·레몬즙 70ml씩, 소금·후춧가루 1/4작은술씩

RECIPE

아보카도는 반으로 갈라 씨를 제거한 후 과육만 도려낸다. 모든 재료를 핸드블렌더로 갈아준다.

SALAD

발사믹리덕션 *350ml* / 보관기간 6개월 / 상온보관

발사믹을 졸여 만드는 심플한 드레싱입니다. 해산물부터 육류, 치즈 등 어떤 식재료와도 어울리지요. 또한 다른 드레싱을 사용한 후에 리덕션을 뿌려주면 한층 업그레이드된 샐러드를 완성할 수 있습니다. 허브나 향신료를 더해 졸여도 좋아요.

ASSEMBLE

발사믹식초 500ml, 꿀 110ml,
레드와인 10ml, 설탕 80g

RECIPE

냄비에 모든 재료를 넣고 센 불에서 설탕이 녹을 때까지 섞다가 끓으면 중간 불로 낮춰 약 20분간 더 끓여 식힌다. 너무 걸쭉하면 발사믹식초를 조금 넣고 섞는다. 아직 묽다면 살짝 더 끓인다.

SALAD

허니머스터드 *400ml* / 보관기간 3개월 / 냉장보관

알싸한 머스터드에 꿀을 넣어 만든 드레싱입니다.
남녀노소 누구나 좋아하지만 특히 아이들에게
인기가 좋지요. 일반적인 샐러드에 잘 어울리고
특히 튀긴 음식에 곁들이면 최고의 맛을 냅니다.

ASSEMBLE
마요네즈·꿀 5큰술씩, 머스터드 2와1/2큰술,
꿀·레몬즙 2큰술씩, 후춧가루 1/4작은술

RECIPE
모든 재료를 볼에 넣고 잘 섞는다.

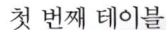

첫 번째 테이블

기본 재료로 만드는
베이식 샐러드

Basic Ingredient
{양상추 1/4통, 로메인·치커리·라디치오·롤라로사 20g씩}

동네 카페나 레스토랑에서 샐러드를 주문하면 빠지지 않고 등장하는 채소들이 있습니다. 보기에는 비슷해도 모양부터 식감, 맛까지 조금씩 달라 함께 모아놓으면 훌륭한 밸런스를 이루지요. 똑같은 기본 재료를 갖고 15가지의 베이식 샐러드를 만들었습니다. 5가지 베이스 채소만 있으면 어떤 샐러드도 손쉽게 뚝딱 만들 수 있어요

BASIC SALAD

BASIC SALAD

그리스풍 샐러드

홈메이드 그리스풍 샐러드로 잠시 그리스의 정취를 느껴보세요. 페타치즈와 올리브로 깔끔한 맛을 내고 비네거드레싱으로 새콤함을 더합니다. 올리브는 우리 몸에 꼭 필요한 불포화지방산을 많이 함유하고 있으니 샐러드로 건강하게 즐기세요.

ASSEMBLE

Base
{양상추 1/4통,
로메인·치커리·라디치오·롤라로사 20g씩}

Vegetable & Fruits
프리세·적양파 10g씩, 방울토마토 3개,
올리브 10개

Protein
페타치즈 2큰술

Topping
래디시 1개, 그라노파다노치즈 10g

Dressing
비네거드레싱 3큰술 P024 참조,
홀그레인머스터드·파마산치즈 1/2큰술씩

RECIPE

1 기본 잎채소와 프리세는 먹기 좋게 잘라 찬물에 담갔다가 사용하기 직전에 체에 받쳐 물기를 뺀다.

2 비네거드레싱에 홀그레인머스터드와 파마산치즈를 섞어 드레싱을 만든다.

3 적양파는 얇게 채썰고 래디시는 링 모양으로 얇게 썬다. 방울토마토와 올리브는 반으로 가른다.

4 접시에 기본 잎채소를 담고 프리세, 적양파를 올린 뒤 드레싱을 뿌린다. 페타치즈를 손으로 으깨어 듬성듬성 올린다.

5 방울토마토와 올리브를 올리고 래디시와 그라노파다노치즈를 얇게 썰어 토핑한다.

TIP

페타치즈는 으깨서 사용
페타치즈는 염소젖을 이용해 만든 치즈예요. 간이 센 편이니 반드시 미리 맛보고 양을 조절하세요. 페타치즈 덩어리를 손으로 가볍게 으깨듯 넣어요.

타이풍 해산물샐러드

새콤한 타이드레싱이 사라진 입맛을 찾아줍니다. 특히 오징어와 궁합이 좋지요. 오징어는 피로회복과 노화방지에 효능이 있어 샐러드에도 즐겨 사용합니다. 쌀국수면이 있다면 곁들여 즐기세요.

ASSEMBLE

Base
{양상추 1/4통,
로메인·치커리·라디치오·롤라로사 20g씩}

Vegetable
적양파 10g, 셀러리 1줄기

Protein
오징어 1/2마리, 알새우 10마리
(해산물 데치기: 레몬 1/4개, 월계수잎 1장, 통후추 10알)

Topping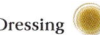
래디시 1개

Dressing
타이드레싱 3큰술 **P025 참조**

RECIPE

1. 기본 잎채소는 먹기 좋게 잘라 찬물에 담갔다가 사용하기 직전에 체에 밭쳐 물기를 뺀다.

2. 오징어는 몸통과 다리를 분리해 내장과 껍질을 제거한 뒤 링 모양으로 썬다.

3. 끓는 물에 레몬 1/4개와 월계수잎, 통후추를 넣고 ②의 오징어와 알새우를 함께 데쳐낸다.

4. 적양파는 얇게 채썰고 셀러리는 적당한 두께로 썰어준다. 래디시는 링 모양으로 얇게 썬다.

5. 접시에 기본 잎채소를 담고 적양파, 셀러리, 데친 해산물을 올린다.

6. 드레싱과 래디시를 올려 마무리한다.

TIP

해산물 비린맛 없애기
샐러드 재료로 해산물을 준비할 때는 비린내 제거에 신경써주세요. 해산물 데치는 물에 레몬, 월계수잎, 양파, 통후추 등을 넣으면 비린내 제거에 효과적이에요.

BASIC SALAD

BASIC SALAD

BASIC SALAD

케이준치킨샐러드

아이들이 좋아하는 케이준치킨을 곁들인 샐러드예요. 지방이 적고 단백질이 풍부한 닭가슴살로 만들어 영양이 풍부하죠. 바삭한 케이준치킨에 달달한 허니머스터드라면 어떤 채소와 조합해도 맛있어요.

ASSEMBLE

Base
{양상추 1/4통,
로메인·치커리·라디치오·롤라로사 20g씩}

Vegetable
적양파 10g

Protein
닭가슴살 1개 (버무리기: 케이준스파이스 1큰술
튀김옷: 달걀 1개, 빵가루 5큰술 튀기기: 식용유 500ml)

Dressing
허니머스터드 3큰술 **P031 참조**

RECIPE

1. 닭가슴살은 펼쳐서 0.5cm 두께가 되도록 길게 썬다.
2. 준비한 닭가슴살에 케이준스파이스를 넣고 버무린다.
3. ②의 닭가슴살에 달걀물과 빵가루를 순서대로 묻히고 170℃로 달군 식용유에서 노릇하게 튀긴다.
4. 기본 잎채소는 먹기 좋게 잘라 찬물에 담갔다가 체에 밭쳐 물기를 빼고 적양파는 얇게 채썬다.
5. 접시에 기본 잎채소를 담고 채썬 적양파와 튀겨낸 케이준치킨, 드레싱을 곁들인다.

TIP

닭가슴살은 0.5cm 두께로 어슷썰기
퍽퍽한 닭가슴살은 칼을 비스듬히 눕혀 포를 뜨듯 자르면 질긴 근육이 끊겨 한결 부드러워져요. 너무 두껍지 않게 0.5cm 폭으로 잘라야 속까지 간이 배어요.

BASIC SALAD

훈제연어와 오이샐러드

짭조름한 훈제연어와 심심한 맛의 오이는 의외로 잘 어울려요. 간이 되어 있는 훈제연어라면 따로 조리할 필요 없이 그대로 샐러드나 핑거푸드로 즐길 수 있지요. 소화도 잘 되어 남녀노소 모두에게 부담 없어요.

ASSEMBLE

Base
{양상추 1/4통,
로메인·치커리·라디치오·롤라로사 20g씩}

Vegetable
오이 1/3개

Protein
훈제연어 슬라이스 3장

Dressing
허니머스터드 1큰술 **P031 참조**,
고추냉이 1/3큰술

RECIPE

1 기본 잎채소는 먹기 좋게 잘라 찬물에 담갔다가 사용하기 직전에 체에 밭쳐 물기를 뺀다.

2 오이는 0.5cm 두께의 링 모양으로 썬다.

3 훈제연어 슬라이스는 3등분한다.

4 허니머스터드에 고추냉이를 넣어 매콤함을 더한다.

5 접시에 기본 잎채소를 담고 훈제연어와 오이를 올린 뒤 ④의 드레싱을 뿌린다.

TIP

고추냉이로 포인트 주기
허니머스터드는 연어 같은 붉은 생선과 잘 어울려요. 여기에 톡 쏘는 고추냉이를 더하면 연어의 맛이 더욱 살아나요.

BASIC SALAD

BASIC SALAD

BASIC SALAD

청포묵석류샐러드

녹두를 갈아서 만든 청포묵은 우리나라 전통 식재료 중 하나예요.
필수아미노산과 칼슘 함유량은 높으면서 칼로리는 낮아 인기 있지요.
발사믹드레싱을 뿌려 샐러드로 만들면 반찬처럼 즐기기 좋아요.

ASSEMBLE

Base
{양상추 1/4통, 로메인·치커리·라디치오·
롤라로사 20g씩}, 청포묵 80g

Vegetable & Fruit
프리세 20g, 석류 1/4개

Protein
어린잎 채소 10g, 래디시 1/3개

Dressing
발사믹드레싱 4큰술 **P020 참조**

RECIPE

1 기본 잎채소와 프리세는 먹기 좋게 잘라 어린잎 채소와 함께 찬물에 담갔다가 사용하기 직전에 체에 밭쳐 물기를 뺀다.

2 청포묵은 끓는 물에 넣어 1분간 데쳤다가 찬물에 헹궈 먹기 좋게 썬다.

3 래디시는 링 모양으로 얇게 썰고 석류는 알알이 뺀다.

4 접시에 기본 잎채소와 프리세를 담고 청포묵과 석류를 올린 뒤 드레싱을 뿌린다.

5 어린잎 채소와 래디시 슬라이스로 토핑한다.

TIP

청포묵은 살짝 데쳐 넣기
청포묵은 단단해 그대로 먹기 어려워요. 뜨거운 물에 살짝 데쳐 사용하면 부드럽고 담백한 청포묵을 즐길 수 있습니다.

BASIC SALAD

구운 사과와
브리치즈샐러드

소젖으로 만든 브리치즈는 깊고 부드러운 맛이 일품이에요. 다른 치즈들과 달리 고릿한 냄새가 나지 않아 활용도가 높지요. 구운 사과와 곁들이면 파티푸드로 손색없어요. 카망베르치즈로 대체해도 좋습니다.

ASSEMBLE

Base
{양상추 1/4통,
로메인·치커리·라디치오·롤라로사 20g씩}

Fruits
사과 1/2개 (굽기: 올리브오일·버터 1과1/2큰술씩)

Protein
브리치즈 1/2개

Topping
래디시 1개, 부순 호두 1큰술

Dressing
이탈리안드레싱 3큰술 P021 참조

RECIPE

1 기본 잎채소는 먹기 좋게 잘라 찬물에 담갔다가 사용하기 직전에 체에 밭쳐 물기를 뺀다.

2 사과는 스틱 모양으로 썰고 래디시는 링 모양으로 얇게 썬다.

3 팬에 올리브오일과 버터를 넣고 채썬 사과를 굽는다.

4 사과를 구워낸 팬에 브리치즈를 넣어 센 불에서 앞뒤고 굽는다.

5 접시에 기본 잎채소를 담고 구운 사과와 브리치즈, 드레싱을 올린 뒤 래디시와 부순 호두로 토핑한다.

TIP

사과를 구우면 단맛 증가
사과채를 버터에 구워내면 향은 물론 과일의 단맛이 증가해 더 달콤하게 즐길 수 있어요. 이때 치즈도 함께 구우면 치즈의 모양이 잡혀 활용하기 편리합니다.

BASIC SALAD

45

BASIC SALAD

BASIC SALAD

나초샐러드

옥수수 토르티야를 튀겨낸 과자 나초로 만든 멕시코풍 샐러드입니다. 나초의 바삭한 식감이 샐러드와 잘 어울리지요. 짭조름한 베이컨과 달달한 옥수수가 더해져 입안이 즐겁습니다. 시저드레싱을 곁들여 완성했어요.

ASSEMBLE

Base
{양상추 1/4통, 로메인·치커리·라디치오·롤라로사 20g씩}, 나초 20g

Vegetable
방울토마토 3개

Protein
베이컨 1장 (굽기: 올리브오일 1과1/2큰술)

Topping
통조림 옥수수 1큰술

Dressing
시저드레싱 2큰술 P028 참조, 다진 적양파 1/4개분

RECIPE

1 기본 잎채소는 먹기 좋게 잘라 찬물에 담갔다가 사용하기 직전에 체에 밭쳐 물기를 뺀다.

2 베이컨은 한입 크기로 썰어 올리브오일을 두른 팬에서 바삭하게 구워 키친타월 위에 올려 기름기를 제거한다.

3 나초는 너무 부서지지 않도록 적당한 크기로 으깨고, 방울토마토는 반으로 가른다.

4 시저드레싱에 다진 적양파를 넣고 섞는다.

5 접시에 기본 잎채소를 담고 위에 ④의 드레싱을 뿌린 후 나초와 방울토마토, 베이컨을 올린다. 마지막에 옥수수를 토핑해 마무리한다.

TIP

감자칩으로 대체 가능
나초는 너무 으깨면 먹기 불편해져요. 적당한 크기로 부수는 게 포인트예요. 감자칩으로 대체해도 좋습니다.

BASIC SALAD

안심구이를 곁들인 샐러드

부드럽고 연한 안심은 최고의 부위이지요. 마블링이 적어 담백한 맛을 내는데, 너무 오래 구우면 식감이 질겨져 풍미를 잃기 쉽습니다. 적당하게 구운 안심을 신선한 채소와 함께 드세요.

ASSEMBLE

Base
{양상추 1/4통,
로메인·치커리·라디치오·롤라로사 20g씩}

Protein
안심 100g (굽기: 올리브오일 1과1/2큰술)

Topping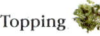
어린잎 채소·그라노파다노치즈 10g씩

Dressing
발사믹드레싱 3큰술 **P020 참조**

RECIPE

1 기본 잎채소는 먹기 좋게 잘라 어린잎 채소와 함께 찬물에 담갔다가 사용하기 직전에 체에 밭쳐 물기를 뺀다.

2 안심은 큐브 모양으로 먹기 좋게 썬다.

3 팬에 올리브오일을 두르고 센 불로 안심을 굽는다.

4 접시에 기본 잎채소를 담고 구운 안심을 올린 뒤 드레싱을 뿌린다.

5 어린잎 채소와 얇게 썬 그라노파다노치즈를 토핑한다.

TIP

고기는 핏물을 제거해 사용하기
고기는 굽기 전에 키친타월에 올려 핏물을 제거해주세요. 고기의 비린내가 사라집니다. 베이컨이나 햄을 활용해도 좋아요.

BASIC SALAD

BASIC SALAD

훈제오리 오렌지샐러드

담백하고 쫄깃한 식감의 훈제오리 가슴살은 소금에 절여 참나무 장작불에 훈제된 것으로 따로 간을 할 필요가 없어요. 지방이 적고 단백질이 풍부해 다이어트 식품으로도 인기있지요. 상큼한 시트러스 과일과 매칭하세요.

ASSEMBLE

Base
{양상추 1/4통,
로메인·치커리·라디치오·롤라로사 20g씩}

Fruits
오렌지 1개

Protein
훈제오리 가슴살 1개
(굽기: 올리브오일 1과1/2큰술)

Topping
래디시 1/2개, 적양파 20g

Dressing
피넛드레싱 3큰술 P027 참조

RECIPE

1 기본 잎채소는 먹기 좋게 잘라 찬물에 담갔다가 사용하기 직전에 체에 밭쳐 물기를 뺀다.

2 래디시는 링 모양으로 얇게 썰고 적양파는 얇게 채썬다.

3 오렌지는 껍질을 벗겨내고 과육만 도려낸다.

4 훈제오리는 한입 크기로 썰어 오븐에서 굽거나 올리브오일을 두른 팬에서 굽는다.

5 접시에 기본 잎채소를 담고 오렌지 과육과 구운 훈제오리 가슴살을 올린 뒤 드레싱을 뿌린다.

6 얇게 썬 래디시와 적양파로 토핑한다.

TIP

훈제오리와 시트러스 과일 매칭하기
냄새에 예민하다면 일반 오리에 비해 담백한 훈제오리를 사용하세요. 구운 훈제오리는 자몽, 오렌지, 레몬, 귤 등의 시트러스 과일과 잘 어울려요.

51

BASIC SALAD

시트러스샐러드

몸을 가볍게 해주는 샐러드예요. 감귤류의 시트러스 과일을 듬뿍 넣어 만든 비타민C가 가득한 샐러드지요. 자몽과 오렌지의 풍부한 즙이 어우러져 신맛과 단맛이 공존해요.

ASSEMBLE

Base
{양상추 1/4통,
로메인·치커리·라디치오·롤라로사 20g씩}

Fruits
자몽·오렌지 1/2개씩

Topping
민트잎 5장

Dressing
레몬드레싱 3큰술 P019 참조,
말린 크랜베리 1/2큰술

RECIPE

1. 기본 잎채소는 먹기 좋게 잘라 찬물에 담갔다가 사용하기 직전에 체에 밭쳐 물기를 뺀다.
2. 자몽과 오렌지는 껍질을 벗겨내고 과육만 도려낸다.
3. 레몬드레싱에 말린 크랜베리를 넣고 섞어 드레싱을 만든다.
4. 접시에 기본 잎채소를 담고 자몽과 오렌지 과육을 올린 뒤 ③의 드레싱과 민트잎을 뿌린다.

TIP

말린 과일로 드레싱에 향 입히기
말린 과일을 드레싱에 넣으면 향과 식감이 더욱 살아납니다. 레몬드레싱의 신맛을 크랜베리의 단맛이 잘 받쳐줘요.

BASIC SALAD

BASIC SALAD

BASIC SALAD

프로슈토와
멜론샐러드

짭짤한 프로슈토와 달콤한 멜론의 조합은 '단짠'의 정석이지요. 전통 이탈리아 생 햄인 프로슈토는 염분 함량이 높아 과일이나 채소와 함께 먹기 좋아요. 식사, 안주, 전채요리 어디에나 잘 어울리는 샐러드예요.

ASSEMBLE

Base
{양상추 1/4통,
로메인·치커리·라디치오·롤라로사 20g씩}

Fruits
멜론 1/4통

Protein
프로슈토 3장, 리코타치즈 2큰술

Dressing
이탈리안드레싱 3큰술 P021 참조, 포도 5알

RECIPE

1. 기본 잎채소는 먹기 좋게 잘라 찬물에 담갔다가 사용하기 직전에 체에 밭쳐 물기를 뺀다.
2. 포도는 4등분해 씨를 제거하고 이탈리안드레싱에 섞는다.
3. 멜론은 껍질을 제거하고 과육을 먹기 좋은 크기로 썬다.
4. 접시에 기본 채소를 담고 ②의 드레싱을 뿌린 후 멜론과 프로슈토, 리코타치즈를 곁들인다.

TIP

멜론은 후숙형 과일
멜론은 대표적인 후숙과일이에요. 과육이 단단해 당도가 적은 멜론이라도 냉장고에 넣어 두고 하루이틀 후숙하면 마법처럼 맛있어집니다.

BASIC SALAD

발사믹에 볶은
해산물샐러드

해산물을 싫어하거나 비린 맛이 걱정이라면 발사믹리덕션에 버무려보세요. 발사믹리덕션의 시큼하고 달콤함이 해산물 특유의 비린내를 잡아줍니다.

ASSEMBLE

Base
{양상추 1/4통,
로메인·치커리·라디치오·롤라로사 20g씩}

Vegetable
루꼴라 20g

Protein
오징어 1마리, 왕새우 3마리
(해산물 굽기: 올리브오일 1과 1/2큰술
해산물 볶기: 발사믹리덕션 1큰술 **P030 참조**)

Topping
어린잎 채소 10g, 래디시 1/2개

Dressing
발사믹드레싱 3큰술 **P020 참조**

RECIPE

1. 오징어는 몸통과 다리를 분리해 내장과 껍질을 제거한 뒤 링 모양으로 썬다.

2. 왕새우는 껍질을 제거한다.

3. 기본 잎채소와 루꼴라는 먹기 좋게 잘라 어린잎 채소와 함께 찬물에 담갔다가 사용하기 직전에 체에 밭쳐 물기를 뺀다.

4. 팬에 올리브오일을 두른 후 중간 불로 오징어와 왕새우를 색이 날만큼 굽다가 발사믹리덕션을 뿌려 살짝 버무리듯 더 볶는다.

5. 래디시는 링 모양으로 얇게 썬다.

6. 접시에 기본 잎채소를 담고 볶은 오징어와 왕새우를 올린 뒤 발사믹드레싱과 래디시, 어린잎 채소를 곁들인다.

TIP

해산물 껍질 벗기기
해산물을 샐러드에 넣을 때는 불순물 제거에 유념하세요. 오징어는 껍질에 굵은소금을 바르면 껍질이 손쉽게 벗겨져요. 새우는 손톱으로 다리를 밀어내면 껍질이 잘 벗겨져요.

BASIC SALAD

BASIC SALAD

니스풍 샐러드

남프랑스의 휴양도시 니스를 대표하는 샐러드예요. 토마토, 삶은 달걀, 올리브 등에 참치와 엔초비를 얹은 샐러드지요. 니스풍의 샐러드는 레시피가 수없이 많아요. 기본적으로 익히지 않은 생 채소의 신선한 맛을 그대로 살린 점이 동일해요.

ASSEMBLE

Base
{양상추 1/4통,
로메인·치커리·라디치오·롤라로사 20g씩}

Protein
통조림 참치 1/2캔, 엔초비 2마리, 달걀 1개

Topping
적양파·어린잎 채소 10g씩

Dressing
이탈리안드레싱 3큰술 P021 참조

RECIPE

1 기본 잎채소는 먹기 좋게 잘라 어린잎 채소와 함께 찬물에 담갔다가 사용하기 직전에 체에 밭쳐 물기를 뺀다.

2 달걀은 10분간 삶아 찬물에 담가 껍질을 제거하고 반으로 가른다. 적양파는 얇게 채썬다.

3 참치는 체에 밭쳐 기름을 제거해 담백하게 사용한다.

4 접시에 기본 잎채소를 담고 드레싱을 뿌린 후 삶은 달걀과 참치, 엔초비를 올린다.

5 얇게 썬 적양파와 어린잎 채소로 토핑한다.

TIP

참치 기름기 제거하기
통조림 참치의 기름과 드레싱이 섞이면 느끼할 수 있어요. 참치는 체에 밭쳐 기름기를 제거한 뒤 샐러드에 넣어야 담백하게 즐길 수 있어요.

BASIC SALAD

모둠치즈샐러드

캐주얼한 홈파티를 준비한다면 모둠치즈를 썰어 샐러드로 만드세요. 근사한 비주얼은 물론 여러 가지 치즈를 골라 먹는 재미도 있답니다. '인간이 신에게 받은 최고의 식재료'라고 불리는 치즈, 그 맛을 음미해보세요.

ASSEMBLE

Base
{양상추 1/4통,
로메인·치커리·라디치오·롤라로사 20g씩}

Protein
스모크치즈·카망베르치즈·멜론망고과일치즈
·에담치즈·그라노파다노치즈 10g씩

Topping
래디시 1/2개, 어린잎 채소 10g

Dressing
레몬드레싱 3큰술 **P019 참조**

RECIPE

1   기본 잎채소는 먹기 좋게 잘라 어린잎 채소와 함께 찬물에 담갔다가 사용하기 직전에 체에 밭쳐 물기를 뺀다.

2   모든 치즈들은 샐러드 채소와 어우러지도록 얇게 썰고 래디시도 링 모양으로 얇게 썬다.

3   접시에 기본 잎채소를 담은 후 얇게 썬 모둠치즈를 올린다.

4   드레싱을 뿌리고 래디시와 어린잎 채소로 토핑한다.

TIP
치즈는 먹기 직전에 잘라야
치즈는 미리 썰어두면 표면이 말라버려 식감이 떨어져요. 먹기 직전에 썰어야 촉촉하게 즐길 수 있어요.

BASIC SALAD

BASIC SALAD

딸기리코타치즈 샐러드

생 딸기와 리코타치즈를 듬뿍 올려 재료 본연의 맛을 느낄 수 있는 샐러드예요. 컬러풀한 색감이 기분을 좋게 만들죠. 기본 드레싱에도 딸기를 넣어 상큼한 맛을 더했답니다. 딸기가 제철일 때 맘껏 즐기세요.

ASSEMBLE

Base
{양상추 1/4통,
로메인·치커리·라디치오·롤라로사 20g씩}

Vegetable & Fruits
적양파 10g, 딸기 10개

Protein
리코타치즈 5큰술

Topping
부순 호두 1큰술, 어린잎 채소 10g

Dressing
레몬드레싱 3큰술 P019 참조,
딸기 2개, 민트잎 3장

RECIPE

1. 기본 잎채소는 먹기 좋게 잘라 어린잎 채소와 함께 찬물에 담갔다가 사용하기 직전에 체에 밭쳐 물기를 뺀다.

2. 믹서에 레몬드레싱과 딸기, 민트잎을 넣고 갈아 딸기레몬드레싱을 만든다.

3. 적양파는 얇게 채썰고, 딸기는 모양 그대로 4등분한다. 리코타치즈는 럭비공 모양으로 만든다.

4. 접시에 기본 잎채소를 올리고 ②의 드레싱을 뿌린 후 리코타치즈와 적양파, 딸기를 올린다.

5. 부순 호두와 어린잎 채소를 곁들여 완성한다.

TIP

드레싱에 추가 재료 넣기
민트는 청량함을 더해주는 허브예요. 조금만 다져 넣어도 색다른 드레싱을 만들 수 있지요. 레몬드레싱에 딸기와 민트잎을 넣고 갈면 딸기레몬드레싱이 완성됩니다.

두 번째 테이블

밥 대신 즐기는
식사 샐러드

샐러드는 항상 먹어도 배고플 것 같은 생각이 들기 쉽지요.
하지만 어떤 재료로 어떻게 조합하느냐에 따라 달라질 수
있습니다. 채소 베이스의 샐러드에 고기와 곡물 등을 매칭하면
밥보다 무겁지 않으면서도 영양 가득한 맛있는 한끼 식사를
만들 수 있지요. 샐러드로 든든한 한 끼를 만들어요.

MEAL SALAD

시저샐러드

로메인과 크루통을 시저드레싱에 버무려 먹는 미국식 샐러드입니다. 시저드레싱의 매력을 확실하게 느낄 수 있는 샐러드이지요. 엔초비와 마요네즈, 꿀, 파마산치즈 등으로 맛을 내는 시저드레싱은 한번 만들면 두고두고 활용하기 좋아요.

ASSEMBLE

Base
로메인 50g, 크루통 10개

Vegetable
방울토마토 5개

Protein
베이컨 2장 (굽기: 올리브오일 1과1/2큰술)

Topping
그라노파다노치즈 10g

Dressing
시저드레싱 3큰술 P028 참조,
발사믹리덕션 1큰술 P030 참조

RECIPE

1 로메인은 먹기 좋게 잘라 찬물에 담갔다가 사용하기 직전에 체에 밭쳐 물기를 뺀다. 방울토마토는 반으로 가른다.

2 베이컨은 한입 크기로 썰어 올리브오일을 두른 팬에서 바삭하게 구워 키친타월 위에 올려 기름기를 제거한다.

3 볼에 로메인과 방울토마토, 구운 베이컨, 크루통, 시저드레싱을 넣고 섞는다.

4 접시에 ③을 담고 발사믹리덕션을 뿌리고 그라노파다노치즈를 얇게 썰어 토핑한다.

TIP

베이컨은 기름기 제거 후 사용
올리브오일에 구운 베이컨은 기름기가 많아 샐러드가 느끼해지기 쉬워요. 키친타월 위에 올려 기름기를 제거해 넣으세요.

67

완두콩키위 아보카도샐러드

플레인요구르트에 아몬드가루만 더해도 특별한 드레싱이 완성됩니다. 집에 있는 아몬드를 갈아 넣어도 되고, 베이킹 코너에 있는 아몬드가루를 활용해도 좋아요. 완두콩과 키위, 아보카도 등 초록빛 재료가 어우러진 건강한 샐러드예요.

ASSEMBLE

Base
완두콩 100g

Vegetable & Fruits
바질잎 5장, 키위 1개, 아보카도 1/2개

Topping
부순 호두 1큰술

Dressing
레몬드레싱 2큰술 P019 참조,
플레인요구르트·아몬드가루 1큰술씩

RECIPE

1 완두콩은 끓는 물에 6분간 삶은 뒤 찬물에 헹궈 체에 밭쳐 물기를 뺀다.

2 키위와 아보카도는 껍질을 벗기고 0.8cm 폭으로 슬라이스한다.

3 바질잎은 찬물에 담갔다가 사용하기 직전에 체에 밭쳐 물기를 뺀다.

4 볼에 레몬드레싱과 플레인요구르트, 아몬드가루를 넣고 섞어 드레싱을 완성한다.

5 접시에 ④의 드레싱을 담고 삶은 완두콩, 슬라이스한 키위와 아보카도, 바질잎을 올린다.

6 부순 호두로 토핑한다.

TIP

기호에 따라 드레싱에 재료 추가
레몬드레싱은 가장 기본적인 드레싱이죠. 약간의 재료를 더해 새롭게 바꿔보세요. 레몬드레싱에 요구르트와 아몬드가루를 섞으면 상큼하고 고소한 드레싱이 만들어져요.

MEAL SALAD

MEAL SALAD

MEAL SALAD

시금치수란베이컨 샐러드

달걀과 시금치를 넣어 만든 든든한 한끼 샐러드예요. 달걀 속 지방성분이 시금치의 베타카로틴의 흡수를 도와 함께 먹으면 효과적이지요. 먹기 직전에 수란의 노른자를 톡 터트려 샐러드와 곁들여주세요.

ASSEMBLE

Base
시금치 1/2단

Protein
달걀 1개 (수란 만들기: 식초 1큰술),
베이컨 2장 (굽기: 올리브오일 1과1/2큰술)

Topping
적양파 1/4개, 크루통 15개

Dressing
발사믹드레싱 3큰술 P020 참조,
참기름·깨소금 1/2큰술씩

RECIPE

1. 시금치는 먹기 좋게 자르고 적양파는 얇게 채썰어 찬물에 담갔다가 사용하기 직전에 체에 밭쳐 물기를 뺀다.

2. 뜨거운 물에 식초 1큰술을 넣고 달걀을 깨 넣어 3분간 조심스레 수란을 만든다.

3. 베이컨은 한입 크기로 썰어 올리브오일을 두른 팬에서 바삭하게 구워 키친타월 위에 올려 기름기를 제거한다.

4. 볼에 발사믹드레싱, 참기름, 깨소금을 넣고 섞어 드레싱을 만든다.

5. 접시에 시금치를 담고 ④의 드레싱과 수란, 구운 베이컨을 올린다. 얇게 채썬 적양파와 크루통으로 토핑한다.

TIP

식초 한 방울로 수란 완성
수란을 만들 때 식초를 넣으면 달걀의 응고를 도와 손쉽게 만들 수 있어요. 물을 돌려 회오리를 만들면 동그란 모양의 수란이 완성됩니다.

알감자샐러드

알감자는 버터구이나 조림으로 익숙한 재료이지요. 알감자를 고소하고 상큼한 드레싱에 버무려보세요. 버터구이보다 가볍게, 조림보다 짜지 않게 즐길 수 있답니다. 칼륨이 풍부한 알감자는 나트륨 배출에도 효과적이에요.

ASSEMBLE

Base
알감자 10개 (삶기: 소금 1큰술, 설탕 1/2큰술)

Vegetable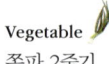
쪽파 2줄기

Dressing
레몬드레싱 1큰술 **P019 참조**, 마요네즈 4큰술, 소금·후춧가루 적당량씩

RECIPE

1. 알감자는 껍질째 사용하므로 깨끗하게 세척한다.
2. 냄비에 찬물을 붓고 알감자와 소금, 설탕을 넣어 15분간 삶아 건져 한 김 식힌다.
3. 식힌 감자는 먹기 좋게 반으로 자르고, 쪽파는 반은 송송 썰고 반은 길게 썬다.
4. 볼에 레몬드레싱과 마요네즈를 넣고 고루 섞는다.
5. ④에 삶은 감자와 쪽파를 넣고 버무린다.
6. 접시에 담고 기호에 따라 소금과 후춧가루로 간한다.

TIP

소금과 설탕 넣고 감자 삶기
감자를 삶을 때 약간의 소금과 설탕을 넣으면 훨씬 담백하고 맛있는 감자를 즐길 수 있어요. 알감자 대신 일반 감자를 사용해도 좋아요.

MEAL SALAD

MEAL SALAD

B.L.T 샐러드

우리에겐 베이컨(B), 레터스(L), 토마토(T)의 철자를 따서 이름이 붙여진 B.L.T샌드위치로 잘 알려져 있지요. 이 좋은 조합으로 샐러드를 만들었어요. 탄수화물의 양은 줄이고 채소의 양을 늘린 건강한 샐러드예요.

ASSEMBLE

Base
양상추 1/4통

Protein
베이컨 2장 (굽기: 올리브오일 1과1/2큰술),
메추리알 5개 (삶기: 식초 1큰술)

Vegetable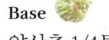
치커리 20g, 오이 1/4개, 방울토마토 3개

Topping
크루통 15개, 그라노파다노치즈 10g

Dressing
시저드레싱 3큰술 **P028 참조**

RECIPE

1 양상추와 치커리는 먹기 좋게 잘라 찬물에 담갔다가 사용하기 직전에 체에 밭쳐 물기를 뺀다.

2 메추리알은 끓는 물에 식초 1큰술을 넣고 5분 정도 삶아 찬물에 담가 껍질을 벗긴다.

3 오이는 큐브 모양으로 썰고, 방울토마토는 반으로 가른다.

4 베이컨은 한입 크기로 썰어 올리브오일을 두른 팬에서 바삭하게 구워 키친타월 위에 올려 기름기를 제거한다.

5 크루통은 마른 팬에서 살짝 굽는다.

6 볼에 준비한 채소와 크루통, 메추리알, 방울토마토, 드레싱을 넣고 버무린다.

7 접시에 ⑥을 담고 구운 베이컨과 그라노파다노치즈를 얇게 썰어 토핑한다.

TIP

메추리알 식초 넣어 삶기
메추리알을 삶을 때 약간의 식초를 넣으면 껍질이 훨씬 쉽게 벗겨집니다. 찬물에 식초와 메추리알을 넣고 5분간 끓이세요.

MEAL SALAD

닭가슴살
토르티야샐러드

베이커리에서 손쉽게 볼 수 있는 토르티야샐러드예요. 건강한 재료를 듬뿍 넣고 달콤한 허니머스터드를 곁들여 돌돌 말아주면 완성되지요. 샌드위치처럼 즐기기 좋아 남녀노소 누구에게나 추천해요.

ASSEMBLE

Base
로메인 20g, 토르티야 2장

Vegetable
토마토 1개, 아보카도 1/2개, 적양파 1/3개

Protein
닭가슴살 1개 (버무리기: 소금·후춧가루 약간씩),
보코치니치즈 1개

Dressing
허니머스터드 2큰술 P031 참조

RECIPE

1 닭가슴살은 끓는 물에 삶아 결대로 찢어 소금과 후춧가루를 뿌려 버무린다.

2 토마토와 아보카도는 얇게 슬라이스하고 보코치니치즈도 같은 두께로 썬다.

3 로메인은 그대로, 적양파는 얇게 채썰어 찬물에 담갔다가 사용하기 직전에 체에 밭쳐 물기를 뺀다.

4 토르티야는 약한 불로 예열한 마른 팬에서 양면을 굽는다.

5 구운 토르티야를 펼치고 로메인을 깐 뒤 준비한 재료를 하나씩 올리고 드레싱을 뿌려 말아준다.

6 유산지에 토르티야샐러드를 말아 반으로 썰어낸다.

TIP

닭가슴살은 결대로 찢어야 부드러워
닭가슴살은 삶아 결대로 찢어서 사용하세요. 결대로 찢으면 퍽퍽한 식감이 줄어 한결 부드럽게 즐길 수 있어요.

MEAL SALAD

MEAL SALAD

78

MEAL SALAD

로즈마리향의 감자를 곁들인
로메인샐러드

감자를 구울 때 버터와 허브를 넣으면 감자의 풍미가 높아집니다. 로즈마리는 감자와 잘 어울리는 허브예요. 별다른 채소 없이 감자와 버터, 로즈마리만으로도 특별한 샐러드를 만들 수 있습니다. 다진 고추를 넣은 시저드레싱이 그 맛을 더해요.

ASSEMBLE

Base
감자 1개 (굽기: 버터 1큰술, 로즈마리 2줄기), 로메인 50g

Protein
베이컨 1장 (굽기: 올리브오일 1과1/2큰술)

Topping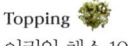
어린잎 채소 10g

Dressing
시저드레싱 3큰술 **P028 참조**, 청고추·홍고추 1/2개씩

RECIPE

1. 감자는 끓는 물에 10분간 삶아 건지고 팬에 버터를 넣고 로즈마리와 함께 바삭하게 구워낸다.

2. 로메인은 먹기 좋게 잘라 어린잎 채소와 함께 찬물에 담갔다가 체에 밭쳐 물기를 뺀다.

3. 베이컨은 한입 크기로 썰어 올리브오일을 두른 팬에서 바삭하게 구워 키친타월 위에 올려 기름기를 제거한다.

4. 고추는 씨를 제거하고 곱게 다져 볼에 시저드레싱과 함께 넣고 섞는다.

5. ④에 준비한 로메인을 넣고 버무려 접시에 담는다.

6. 구운 감자를 올리고 구운 베이컨과 어린잎 채소를 곁들여낸다.

TIP

감자는 반만 익혀 팬에 구워야
감자는 100% 익을 때까지 삶으면 식감이 푸석해지기 쉬워요. 반쯤 삶아진 감자를 팬에 올려 마저 구우세요. 겉은 바삭하고 속은 촉촉한 감자를 만들 수 있어요.

MEAL SALAD

키위와
올리브부르스케타

한입 베어 물면 입안에 상큼함이 가득 퍼지는 샐러드예요. 콜레스테롤을 낮추는 키위와 불포화지방산이 풍부한 올리브로 건강식을 만들었습니다. 과일로 만든 새로운 부르스케타의 맛을 느껴보세요.

ASSEMBLE

Base
토마토 1개, 바게트 1/4조각

Vegetable & Fruits
키위 2개, 올리브 10개, 바질잎 3장, 다진 적양파 1/2큰술

Dressing
엑스트라버진 올리브오일 2/3큰술, 소금·후춧가루 약간씩

RECIPE

1 토마토는 십자 모양으로 칼집을 낸 뒤 끓는 물에서 약 10초간 넣었다 빼어 찬물에 담가 껍질을 벗긴다.

2 껍질을 벗긴 토마토와 키위는 씨를 제거해 1cm 크기의 큐브 모양으로 썬다.

3 올리브와 바질잎은 곱게 다진다.

4 볼에 모든 재료를 담아 섞은 뒤 엑스트라버진 올리브오일과 소금, 후춧가루를 넣는다.

5 바게트 위에 ④를 올려낸다.

TIP

토마토는 껍질 제거 후 사용
토마토의 껍질과 씨를 제거하면 식감이 훨씬 부드러워져요. 토마토를 끓는 물에서 너무 오랫동안 익히면 토마토가 물러질 수 있으니 주의하세요.

MEAL SALAD

MEAL SALAD

MEAL SALAD

미니양배추
명란샐러드

명란은 샐러드에 간을 더하고 감칠맛을 주는 재료예요.
볶은 미니양배추와 견과류, 참깨드레싱으로 맛을 낸 샐러드에
짭조름한 명란을 넣으면 색다른 맛의 조화가 이루어집니다.
미니양배추는 바싹 익힐수록 고소함이 배가됩니다.

ASSEMBLE

Base
미니양배추 10개 (굽기: 버터 1큰술)

Protein
부순 견과류 1큰술 (볶기: 버터 1큰술),
명란 30g

Topping
실파 10줄기

Dressing
참깨드레싱 3큰술 P022 참조

RECIPE

1 미니양배추는 두꺼운 겉면을 벗겨 반으로 잘라 끓는 물에 5분간 데친 후 건져 식힌다.

2 팬에 버터를 녹여 부순 견과류를 넣고 볶는다.

3 팬에 버터를 녹여 데친 미니양배추를 구워준다.

4 명란은 껍질을 벗겨 알만 분리하고, 실파는 반은 송송 썰고 반은 길게 썬다.

5 볼에 볶은 견과류와 명란을 넣고 버무린다.

6 접시에 ⑤를 담고 구운 미니양배추를 올리고 실파로 토핑한 뒤 드레싱을 곁들여낸다.

TIP

명란젓은 칼등으로 껍질 분리
명란젓의 껍질을 벗길 때는 조심스럽게 칼집을 넣은 뒤 칼끝을 이용해 알만 빼주세요. 부드러운 알만 골라내어 요리할 수 있어요.

MEAL SALAD

과일요구르트
샐러드

새콤한 플레인요구르트에 좋아하는 과일과 채소를 넣었어요.
그때그때 제철과일을 넣어도 좋지요. 달콤하게 즐기고 싶다면
꿀이나 과일청을 추가하세요. 과일요구르트샐러드 한 접시면 하루
비타민 섭취량도 문제 없어요.

ASSEMBLE

Base
오이 1/2개, 셀러리 1/2줄기

Fruits
키위·바나나 1개씩, 딸기 2개, 블루베리 10개,
거봉 5알

Topping
아몬드·호두 1/2큰술씩

Dressing
플레인요구르트 200ml, 꿀 2큰술

RECIPE

1   오이와 셀러리는 반달 모양으로 썰고 찬물에 담갔다가
    사용하기 직전에 체에 밭쳐 물기를 뺀다.

2   키위와 바나나, 딸기는 먹기 좋게 썰어준다.

3   거봉은 반으로 갈라 준비한다.

4   접시에 플레인요구르트를 붓고 준비한 채소와 과일을
    종류별로 담는다.

5   꿀을 뿌린 뒤 아몬드와 호두를 얹어낸다.

TIP

변색한 과일 활용하기
냉장고에 오래 두어 무르거나 색이 검게 된
과일이 있다면 요구르트샐러드에 활용하세요.
감쪽같이 새로운 샐러드로 변신합니다.

MEAL SALAD

MEAL SALAD

레터스샐러드

양상추는 94~95%가 수분으로 이루어진 채소예요. 생크림과 고르곤졸라치즈로 만든 소스와 곁들여도 부담스럽지 않지요. 양상추와 건포도의 은은한 단맛이 크림소스의 맛을 한층 높여줄 거예요. 완성한 샐러드에 꿀을 살짝 곁들이면 더 맛있어요.

ASSEMBLE

Base
양상추 1/3통

Topping
부순 호두·건포도 1큰술씩

Sauce
고르곤졸라치즈 2큰술, 생크림 100ml

Dressing
엑스트라버진 올리브오일 2/3큰술

RECIPE

1. 양상추는 세로로 3등분해 찬물에 담갔다가 사용하기 직전에 체에 밭쳐 물기를 뺀다.
2. 팬에 고르곤졸라치즈와 생크림을 넣고 3분간 끓여 되직한 소스를 만든다.
3. 접시에 양상추를 담고 ②의 고르곤졸라소스를 뿌린다.
4. 엑스트라버진 올리브오일을 드레싱처럼 뿌린 뒤, 부순 호두와 건포도로 토핑한다.

TIP

고르곤졸라소스 만들기
생크림과 고르곤졸라치즈를 섞어 끓이면 훌륭한 크림소스가 만들어져요. 완성한 소스에 펜네 같은 쇼트 파스타를 버무려도 맛나요.

MEAL SALAD

루꼴라와
오렌지샐러드

상추보다 쓴맛은 덜하고 고소한 루꼴라는 샐러드뿐만 아니라 피자, 파스타 등 다양한 요리에 활용되는 식재료입니다. 치즈와 호두, 피넛드레싱이 루꼴라의 고소함을 배로 만들어주지요. 고르곤졸라치즈가 부담스럽다면 그라노파다노치즈를 감자칼로 얇게 밀어 곁들여주세요.

ASSEMBLE

Base
루꼴라 80g

Fruits
오렌지 1개

Topping
고르곤졸라치즈 2큰술, 부순 호두 1큰술

Dressing
피넛드레싱 3큰술 P027 참조, 고추 1개

RECIPE

1 루꼴라는 먹기 좋게 잘라 찬물에 담갔다가 사용하기 직전에 체에 밭쳐 물기를 뺀다.

2 오렌지는 껍질을 제거하고 과육만 도려낸다.

3 고추는 반으로 잘라 씨를 제거하고 잘게 다져 피넛드레싱과 섞는다.

4 고르곤졸라치즈는 작게 큐브 모양으로 썰거나 부순다.

5 접시에 루꼴라를 담고 오렌지를 올린 뒤 ③의 드레싱을 뿌린다.

6 고르곤졸라치즈와 부순 호두를 토핑해 마무리한다.

TIP

오렌지는 과육만 사용
샐러드용 오렌지는 과육만 준비해주세요. 오렌지 과육과 막 사이에 칼을 넣으면 손쉽게 부드러운 과육을 도려낼 수 있어요.

MEAL SALAD

MEAL SALAD

MEAL SALAD

허브빵가루를 곁들인 버섯샐러드

좋아하는 버섯들로 만든 샐러드예요. 무기질과 단백질이 풍부한 버섯은 종류에 따라 맛은 물론 영양성분도 조금씩 다르지요. 구운 버섯을 올린 샐러드에 허브향이 가득한 빵가루를 곁들여 풍미를 더했어요.

ASSEMBLE

Base
느타리버섯·새송이버섯·양송이버섯 믹스 100g (굽기: 올리브오일 1과1/2큰술), 다진 파슬리 10g

Vegetable
양상추·라디치오 1/4통씩, 래디시 1/2개

Topping
허브빵가루 (빵가루 100g, 그라노파다노치즈 50g, 이태리파슬리 10g, 엑스트라버진 올리브오일 2큰술), 어린잎 채소 10g

Dressing
발사믹드레싱 3큰술 P020 참조

RECIPE

1. 믹서에 그라노파다노치즈와 파슬리, 엑스트라버진 올리브오일을 넣고 곱게 간다.

2. ①에 빵가루를 섞은 뒤 180℃로 예열한 오븐에 넣고 7분간 바싹 구워 허브빵가루를 만든다.

3. 양상추와 라디치오는 먹기 좋게 잘라 어린잎 채소와 함께 찬물에 담갔다가 사용하기 직전에 체에 밭쳐 물기를 뺀다.

4. 버섯은 먹기 좋은 크기로, 래디시는 링 모양으로 얇게 썬다.

5. 팬에 올리브오일을 두르고 센 불에서 모든 버섯을 넣고 구워 다진 파슬리와 섞는다.

6. 접시에 준비한 채소를 모두 올리고 ⑤를 얹는다. 그 위에 허브빵가루와 어린잎 채소로 토핑한다.

TIP

빵가루를 구워 사용
빵가루에 치즈와 오일을 섞어 오븐에 구워내면 튀긴 빵가루와는 다른 맛을 냅니다. 중간중간 섞어야 타지 않아요. 파슬리 대신 다른 허브를 넣고 만들어도 좋아요.

MEAL SALAD

구운 가지와 토마토소스

가지와 호박은 구우면 풍미가 더 좋아지는 채소들이에요. 구운 가지 위에 속재료를 올려 오븐에 구운 웜샐러드로 몸을 따뜻하게 하는 건 어떨까요? 간절기나 쌀쌀한 어느 날에 한끼 식사로 추천해요.

ASSEMBLE

Base
가지 1개 (굽기: 올리브오일 1과1/2큰술)

Vegetable
애호박 1/2개

Protein
작은 알새우 10마리 (볶기: 올리브오일 2/3큰술)

Topping
시판용 토마토소스 1큰술, 피자치즈 4큰술

Dressing
발사믹리덕션 1큰술 P030 참조

RECIPE

1 가지는 반으로 길게 잘라 마른 팬에서 바삭하게 굽는다.

2 애호박은 반으로 가른 후 씨를 제거하고 1cm 크기의 큐브 모양으로 썬다.

3 팬에 올리브오일을 두르고 애호박과 알새우를 볶는다.

4 ①의 구운 가지 위에 토마토소스를 바르고 볶은 애호박과 알새우, 피자치즈를 올린 뒤 200℃로 예열한 오븐에서 6분간 굽는다.

5 오븐에서 꺼낸 뒤 발사믹리덕션을 곁들인다.

TIP

애호박은 씨를 제거하고 사용
애호박은 씨와 함께 볶으면 금방 물이 생겨서 샐러드용으로 사용하기 어려워요. 씨를 제거하고 구워주세요.

MEAL SALAD

MEAL SALAD

연어구이를 곁들인 꾸스꾸스샐러드

꾸스꾸스는 좁쌀 모양의 파스타예요. 다른 파스타와 달리 익히지 않은 채소와 곁들여 먹는답니다. 탄수화물은 비교적 적고 단백질과 비타민이 풍부해 건강 식재료로 인기 있지요. 연어구이와 곁들여 즐기세요.

ASSEMBLE

Base
꾸스꾸스 30g (굽기: 올리브오일 1큰술)

Vegetable
당근·적양파·차이브·프리세 10g씩

Protein
연어 100g (굽기: 올리브오일 1과1/2큰술, 버터 1큰술, 타임 3줄기)

Dressing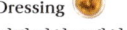
이탈리안드레싱 2큰술 P021 참조

RECIPE

1 당근과 적양파, 차이브는 곱게 다진다. 프리세는 찬물에 담갔다가 사용하기 직전에 체에 밭쳐 물기를 뺀다.

2 꾸스꾸스는 뜨거운 물에 넣어 2분간 삶아 찬물에 헹궈 체에 밭쳐 물기를 뺀다.

3 볼에 삶은 꾸스꾸스와 ①의 다진 채소, 드레싱을 넣고 섞는다.

4 팬에 올리브오일을 두르고 달궈지면 연어를 넣어 앞뒤로 굽다가 색이 나면 버터와 타임을 넣어 향을 더한다.

5 접시에 프리세를 담고 ③을 올린 뒤 구운 연어를 올려 드레싱을 뿌린다.

TIP
간단하게 즐기기 좋은 꾸스꾸스
꾸스꾸스는 중동이나 유럽에서 많이 먹는 재료예요. 여러 가지 채소와 치즈를 섞어 먹기도 하지요. 바쁜 아침 빠르게 삶아 질 좋은 올리브오일을 뿌리면 한끼로 즐기기 좋아요.

MEAL SALAD

콥샐러드

콥샐러드는 '콥'이라는 셰프가 주방에서 남은 채소로 만들면서 알려진 샐러드예요. 냉장고 속 남은 컬러풀한 식재료를 활용해 보는 즐거움을 더하지요. 간단한 파티음식으로도 좋습니다. 자투리 채소가 많다면 콥샐러드를 만들어보세요.

ASSEMBLE

Base
양상추 1/4개

Vegetable
아보카도 1/2개, 방울토마토 8개,
통조림 옥수수 5큰술

Protein
베이컨 2장(굽기: 올리브오일 1과1/2큰술)
달걀 2개, 고르곤졸라치즈 2큰술

Dressing
피넛드레싱 3큰술 P027 참조

RECIPE

1　양상추는 먹기 좋게 뜯어 찬물에 담갔다가 사용하기 직전에 체에 밭쳐 물기를 뺀다.

2　아보카도는 껍질을 벗겨 1cm 크기의 큐브 모양으로 썰고 방울토마토도 4등분한다.

3　베이컨은 1cm 크기로 썰어 올리브오일을 두른 팬에서 바삭하게 구운 뒤 키친타월 위에 올려 기름기를 뺀다.

4　달걀은 뜨거운 물에 넣고 10분간 삶은 뒤 껍질을 벗겨 세로 모양으로 8등분한다.

5　고르곤졸라치즈는 아보카도와 같은 크기로 썬다.

6　접시에 양상추를 깔고 드레싱을 뿌린 뒤 준비한 재료를 가지런히 올린다.

TIP

먹기 알맞은 아보카도 찾기
아보카도는 껍질 색상이 녹색인 경우 아직 익지 않은 상태라 맛이 없어요. 겉면이 검정색을 띠고 만져 보았을 때 말랑말랑해야 버터처럼 맛있는 상태예요.

MEAL SALAD

라따뚜이와 바게트

프랑스인의 소울푸드로 알려진 라따뚜이로 샐러드를 만들었어요. 라따뚜이는 차갑게 먹어도 맛있어요. 퇴근 후 지친 저녁시간, 미리 만들어둔 라따뚜이를 냉장고에서 꺼내 빵 위에 얹으면 훌륭한 한끼 식사가 되어줄 거예요.

ASSEMBLE

Base
가지·애호박·양파 1/2개씩,
새송이버섯 2개 (채소 볶기: 올리브오일
1과1/2큰술, 간마늘 1큰술), 바게트 1/3개

Vegetable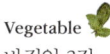
바질잎 3장

Topping
시판용 토마토소스 3큰술

Dressing
엑스트라버진 올리브오일 2큰술

RECIPE

1. 바질잎을 제외한 채소는 모두 1cm 크기의 큐브 모양으로 썰고 바질잎은 얇게 썬다.
2. 팬에 올리브오일을 두르고 약한 불에서 ①의 채소와 간마늘을 넣고 천천히 볶는다.
3. 바게트는 먹기 좋게 썰고 마른 팬에서 살짝 굽는다.
4. 볼에 볶은 채소와 토마토소스, 바질잎을 넣고 버무린다.
5. 바게트에 엑스트라버진 올리브오일을 뿌리고 ④를 올려 마무리한다.

TIP

채소는 약한 불에서 천천히 볶기
채소는 센 불로 볶으면 속은 익지 않고 겉면만 타기 쉬워요. 약한 불에서 천천히 볶아야 채소의 식감과 풍부한 맛을 느낄 수 있어요.

MEAL SALAD

구운 양파와 닭가슴살구이샐러드

닭가슴살은 고단백 식품으로 유명하지요. 하지만 퍽퍽한
식감에 지속적으로 먹기가 쉽지 않아요. 닭가슴살이 지겨울 때,
치미추리드레싱을 더해 촉촉한 식감과 새로운 감칠맛을 느껴보세요.

ASSEMBLE

Base
양파 1/2개 (굽기: 올리브오일 1과1/2큰술)

Vegetable
루꼴라·프리세 20g씩, 적양파 10g

Protein
닭가슴살 1개 (굽기: 올리브오일 1과1/2큰술,
소금·후춧가루 약간씩)

Dressing
치미추리드레싱 2큰술 P023 참조,
발사믹드레싱 1큰술 P020 참조

RECIPE

1   양파는 두껍게 링 모양으로 썰어 올리브오일을 두른 팬에서
    약한 불로 앞뒤 노릇하게 굽는다.

2   닭가슴살은 가로로 2등분해 올리브오일을 두른 팬에 올려
    소금과 후춧가루를 뿌려가며 앞뒤 노릇하게 굽는다.

3   구운 닭가슴살에 치미추리드레싱을 바른다.

4   루꼴라는 먹기 좋은 크기로 썰고, 적양파는 얇게 채썰어
    프리세와 함께 찬물에 담갔다가 체에 밭쳐 물기를 뺀다.

5   접시에 구운 양파와 구운 닭가슴살을 담고 루꼴라와 프리세,
    적양파를 올린 후 드레싱을 뿌린다.

TIP

닭가슴살은 얇게 썰어 굽기
닭가슴살은 가로로 2등분하여 적당한 두께로
준비하세요. 양파는 천천히 구워 갈색이 나게
구워야 부드럽고 맛있답니다.

MEAL SALAD

MEAL SALAD

MEAL SALAD

아스파라거스 메추리알샐러드

아스파라거스를 이용한 간단한 샐러드예요. 그저 아스파라거스를 구웠을 뿐인데 레스토랑에서 맛보는 샐러드처럼 근사해지죠. 피로회복과 자양강장에 좋은 아스파라거스는 샐러드나 볶음요리 재료로 많이 활용해요.

ASSEMBLE

Base
아스파라거스 5개 (굽기: 올리브오일 1과 1/2큰술, 소금·후춧가루 약간씩)

Protein
베이컨 1장 (굽기: 올리브오일 1과 1/2큰술), 메추리알 2개, 그라노파다노치즈 10g

Dressing
발사믹드레싱 1큰술 **P030 참조**

RECIPE

1. 아스파라거스는 뿌리 부분은 자르고 줄기 부분은 필러로 얇게 밀어 손질한다.

2. 달군 팬에 올리브오일을 둘러 아스파라거스를 굽고 소금과 후춧가루를 뿌린다.

3. 메추리알은 끓는 물에 넣고 약 5분간 삶아 찬물에 담갔다가 껍질을 벗겨 세로로 4등분한다.

4. 베이컨은 올리브오일을 두른 팬에서 바삭하게 구운 뒤 키친타월 위에 올려 기름기를 뺀다.

5. 접시 위에 구운 아스파라거스를 나란히 올리고 메추리알과 구운 베이컨, 얇게 썬 그라노파다노치즈를 올려준다.

6. 발사믹드레싱을 뿌려 완성한다.

TIP
아스파라거스 뿌리 부분은 제거하고 사용
아스파라거스 껍질은 섬유질이라 필러로 제거하고 조리하세요. 뿌리 부분도 2cm 잘라내고 사용해야 질기지 않아요. 남은 아스파라거스는 뿌리가 물에 닿게 보관하세요.

콜리플라워피클과 고구마관자샐러드

상큼한 콜리플라워 피클과 달콤한 고구마 퓨레, 담백한 관자 구이의 조합이 색다른 즐거움을 선사합니다. 슈퍼푸드로 꼽히는 콜리플라워로 피클을 만들어두면 파스타, 피자 등에 곁들이기 좋아요.

ASSEMBLE

Base
콜리플라워 1/2개
(피클주스: 비네거드레싱 200ml **P024 참조**,
설탕 2큰술, 피클링스파이스 1큰술)

Protein
관자 3개 (굽기: 올리브오일 1과1/2큰술)

Dressing
고구마 1개 (섞기: 버터 1큰술)

RECIPE

1. 콜리플라워는 꽃부분을 한입 크기로 떼어 소금물에 씻는다.
2. 팬에 비네거드레싱과 설탕, 피클링스파이스를 넣고 한 번 끓어오를 때까지 데운 후 피클링스파이스를 건져준다.
3. 끓인 피클주스에 콜리플라워를 넣고 5시간 이상 둔다.
4. 관자는 올리브오일을 둘러 뜨겁게 달군 팬에서 겉면이 바삭하게 굽는다.
5. 고구마는 껍질을 벗긴 후 6등분해 물에 넣고 약 20분간 삶아 으깨 버터와 섞는다.
6. 접시에 ⑤의 고구마 퓨레를 깔고 소스에 절인 ③의 콜리플라워와 구운 관자를 올려 마무리한다.

TIP

간단한 피클주스 만들기
비네거드레싱과 피클링스파이스만 섞어도 간단한 피클주스가 완성됩니다. 콜리플라워 외에 오이, 당근, 무 등을 담가두면 맛있는 채소피클을 만들 수 있어요.

세 번째 테이블

한 잔 생각날 때
안주 샐러드

거한 술상 말고 딱 한 잔 생각날 때
술자리를 빛내주는 안주 샐러드를
소개합니다. '샐러드가 안주가 될 수
있겠어?'라고 반문한다면 지금부터
소개하는 샐러드를 안주 삼아 맛보세요.
차가운 맥주와 알싸한 소주, 은은한
와인 한 잔에 어울리는 맛있는 안주
샐러드를 만들어봅니다.

매시드포테이토와 마카로니샐러드
with 맥주

마카로니는 짧은 길이의 파스타면입니다. 주로 샐러드 재료로 활용되거나 스프에 담가 먹지요. 담백한 감자 퓨레에 버무리면 청량한 라거 맥주와 잘 어울려요.

ASSEMBLE

Base
감자 1개, 마카로니 50g (삶기: 소금 1/2큰술)

Vegetable
이태리파슬리잎 5장, 다진 당근·다진 양파 1큰술씩 (다진 채소 볶기: 올리브오일 1과1/2큰술)

Dressing
버터 1큰술, 소금·후춧가루 약간씩

RECIPE

1 감자는 껍질을 벗겨 6등분해 소금을 넣고 약 15분간 삶아 체에 걸러 으깬다.

2 마카로니는 끓는 물에 소금을 넣고 10분간 삶는다.

3 다진 당근과 양파는 올리브오일을 두른 팬에서 가볍게 볶는다.

4 파슬리는 곱게 다진다.

5 볼에 모든 재료와 버터, 소금과 후춧가루를 넣고 섞어 접시에 담는다.

TIP

감자 삶는 시간은 15분이 적당
감자는 너무 오랜 시간 삶으면 물기가 많아져 내용물과 섞을 때 맛이 덜할 수 있습니다. 감자 삶은 시간을 꼭 지켜주세요.

SNACK SALAD

새송이튀김샐러드 with 맥주

술안주는 역시 튀김이 아닐까요? 튀김만큼 맥주와 잘 어울리는 안주는 없을 거예요. 새송이버섯을 튀기면 겉은 바삭하고 속은 입에서 사르르 녹는답니다. 조금 느끼할 수 있는 뒷맛은 시원한 맥주 한 모금이 없애줘요.

ASSEMBLE

Base
새송이버섯 1개 (튀김옷: 튀김가루·물 5큰술씩
튀기기: 식용유 500ml)

Vegetable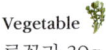
루꼴라 30g

Dressing
참깨드레싱 3큰술 P022 참조

RECIPE

1 루꼴라는 찬물에 담갔다가 사용하기 직전에 체에 밭쳐 물기를 뺀다.

2 튀김가루에 동량의 물을 넣고 튀김옷을 만든다.

3 새송이버섯은 세로로 4등분해 ②의 튀김옷을 입힌 뒤 160-170℃로 달군 식용유에 넣고 튀긴다.

4 접시에 루꼴라를 담고 새송이버섯튀김을 올린 뒤 드레싱을 뿌려낸다.

TIP

튀김 온도는 160~170℃가 적당
버섯을 튀기기 전에 기름의 온도부터 체크하세요. 약간의 튀김옷을 넣었을 때 가라앉지 않고 바로 올라와 노릇하게 튀겨지면 알맞은 온도입니다.

SNACK SALAD

SNACK SALAD

SNACK SALAD

튀긴 라이스페이퍼와 소라샐러드
with 맥주

차가운 맥주에 어울리는 최고의 조합이죠. 과자 대신 바삭한 라이스페이퍼 위에 소라샐러드를 얹어 먹으면 그 맛이 끝내줍니다. 소라가 생소하다면 겉면을 바삭하게 구워 상큼한 소스와 함께 드세요. 새우로 대체해도 좋아요.

ASSEMBLE

Base
엔다이브 1개, 라이스페이퍼 2장
(튀기기: 식용유 500ml)

Vegetable & Fruits
빨강 파프리카 1/6개, 적양파·망고 1/8개씩, 멜론 30g, 리치 4알

Protein
소라 50g (굽기: 올리브오일 1과1/2큰술, 버터 2큰술, 소금 약간)

Topping
구운 잣 1큰술, 어린잎 채소 10g

Dressing
비네거드레싱 7큰술 **P024 참조**

RECIPE

1 엔다이브는 한 장씩 떼어 어린잎 채소와 함께 찬물에 담갔다가 사용하기 직전에 체에 밭쳐 물기를 뺀다.

2 라이스페이퍼를 4등분으로 잘라 160~170℃로 달군 식용유에 튀긴다.

3 소라는 2cm 크기의 큐브 모양으로 썰어 올리브오일을 두른 팬에서 굽다가 색이 나면 버터를 넣고 소금을 약간 뿌린다.

4 파프리카, 적양파, 망고, 멜론, 리치는 잘게 같은 크기로 썬다.

5 볼에 비네거드레싱과 ④의 채소와 과일을 넣고 섞는다.

6 접시에 엔다이브를 한 장씩 올리고 튀긴 라이스페이퍼, 구운 소라, 비네거드레싱에 버무린 채소와 과일 순으로 올린다.

7 구운 잣과 어린잎 채소로 토핑한다.

TIP

비네거드레싱에 이국적인 과일을 매칭
비네거드레싱에 이국적인 과일을 더하면 새콤달콤한 맛이 증폭되지요. 라이스페이퍼를 튀길 때는 기름에서 금방 부풀어오르니 바로 꺼내야 해요.

SNACK SALAD

구운 두부와 버섯샐러드
with 맥주

버섯, 두부, 피넛드레싱, 검정깨의 조화가 고소함 그 자체예요. 맥주 안주로 안성맞춤이지요. 두부에 부족한 식이섬유는 버섯이 보충해주니 재료 궁합도 훌륭합니다. 맛도 건강도 모두 챙길 수 있는 일석이조의 샐러드예요.

ASSEMBLE

Base
느타리버섯 80g (볶기: 올리브오일 1과1/2큰술, 소금·후춧가루 약간씩)

Protine
두부 1/2모 (굽기: 올리브오일 1과1/2큰술)

Topping
그라노파다노치즈 10g

Dressing
피넛드레싱 3큰술 P027 참조, 차이브 3줄기, 검정깨 1큰술

RECIPE

1. 느타리버섯은 잘게 찢어 올리브오일을 두른 팬에 볶다가 소금과 후춧가루로 간한다.

2. 두부는 한입 크기로 썰어 물기를 제거한 뒤 올리브오일을 두른 팬에 노릇하게 굽는다.

3. 차이브는 곱게 다져 볼에 검정깨와 피넛드레싱과 넣고 섞는다.

4. 접시에 구운 두부를 펼치고 볶은 버섯을 올린 뒤 ③의 드레싱을 뿌린다.

5. 그라노파다노치즈를 갈아 토핑한다.

TIP

오일은 조금씩 넣어가며 볶기
버섯은 기름 흡수율이 많은 채소예요. 버섯을 볶을 때는 오일을 한꺼번에 넣지 말고 조금씩 넣어가며 볶으세요.

SNACK SALAD

SNACK SALAD

월남쌈샐러드
with 맥주

베트남 음식하면 쌀국수와 월남쌈이 떠오르죠. 특히 월남쌈은 만들기도 쉬워 손님초대상에 빠지지 않습니다. 다양한 채소들을 채썰어 라이스페이퍼에 말아주면 완성이죠. 피넛드레싱과 잘 어울리는데 매콤한 맛을 좋아한다면 스위트 칠리소스를 곁들이세요.

ASSEMBLE

Base
라이스페이퍼 3장

Vegetable
빨강 파프리카 1/2개, 당근·양파 1/4개씩, 양배추 20g, 방울토마토 4개

Protein
왕새우 3마리
(데치기: 레몬 1/8개, 월계수잎 1장, 통후추 5알)

Dressing
피넛드레싱 3큰술 P027 참조

RECIPE

1 당근, 양파, 양배추는 얇게 채썰어 찬물에 담갔다가 사용하기 직전에 체에 밭쳐 물기를 뺀다.

2 파프리카는 다른 채소들과 같은 두께로 채썰고, 방울토마토는 반 가른다.

3 왕새우는 내장과 머리, 껍질을 제거한 뒤 레몬, 월계수잎, 통후추를 넣고 끓인 물에 약 2분간 삶아 건져 식힌다.

4 라이스페이퍼를 뜨거운 물에 살짝 담갔다 뺀 후 흐물흐물해지면 접시에 편다.

5 ④에 드레싱을 바르고 모든 채소와 왕새우를 올려 돌돌 말아낸다.

TIP

라이스페이퍼용 물은 너무 뜨겁지 않게
라이스페이퍼를 뜨거운 물에 적실 때는 온도와 시간에 주의하세요. 물의 온도가 너무 뜨겁거나 담그는 시간이 너무 길어지면 라이스페이퍼가 찢어지기 쉬워요.

중화풍 구운 가지와 옥수수샐러드
with 맥주

집에서 쉽고 건강하게 즐길 수 있는 중화풍 샐러드입니다. 가지구이에 중화풍 소스만 더해도 맛이 특별해져요. 톡톡 터지는 옥수수도 입안을 즐겁게 해줄 거예요. 늦봄에서 초여름 사이, 제철재료인 가지로 만든 샐러드와 맥주 한 잔으로 더위를 이겨보세요.

ASSEMBLE

Base
가지 1개 (버무리기: 올리브오일 1과1/2큰술,
소금·후춧가루 약간씩)

Topping
통조림 옥수수 3큰술

Sauce
파 1줄기, 마늘 1쪽 (향채소 볶기: 올리브오일
1과1/2큰술, 고춧가루 1큰술),
비네거드레싱 **P024 참조**·올리고당 2큰술씩,
간장 3큰술, 설탕 1큰술

RECIPE

1 가지는 1cm 두께로 슬라이스해 올리브오일, 소금, 후춧가루에 버무린 뒤 200℃로 예열한 오븐에서 10분간 굽는다.

2 파는 채썰고 마늘은 다진다.

3 팬에 올리브오일을 두르고 채썬 파와 다진 마늘, 고춧가루를 넣고 볶다가 노릇해지면 비네거드레싱과 올리고당, 간장, 설탕을 넣고 졸인다.

4 접시에 구운 가지를 겹겹이 둥글게 올리고 그 위에 옥수수 알갱이를 토핑한 뒤 ③의 소스를 뿌린다.

TIP

가지는 종이호일 위에 올려 굽기
가지는 수분이 많은 채소예요. 가지를 구울 때는 오븐팬 위에 종이호일을 깔고 그 위에 가지를 올려야 적당한 수분이 유지되어 촉촉하게 구워져요.

SNACK SALAD

맥주
무더운 여름날 차가운 맥주 한 잔만큼 행복한 것도 없지요. 멋진 술안주가 함께라면 더할 나위 없겠죠. 싹 틔운 보리의 맥아에 홉을 첨가해 효모로 발효시킨 맥주는 기본적으로 간이 짭짤한 튀김이나 과일과 잘 어울립니다. 입안에 안주의 염분이 약간 남아 있을 때 시원하게 들이키는 맥주는 최고의 맛을 선사하지요.

소주
'술' 하면 가장 먼저 떠오르는 게 소주입니다. 곡주나 고구마주를 끓여 만드는 증류식 술인 소주는 무색무취에 알코올 도수가 상당히 높아 쉽게 취하거나 속이 상하기 쉬워요. 그만큼 안주 선택이 중요합니다. 자극적이지 않고 숙취에 도움이 되는, 몸을 보하는 안주 샐러드와 함께 즐기세요.

와인
와인은 포도를 증류해서 만든 술이에요. 지역마다 재배되는 포도의 품종이 다르듯 와인의 종류 또한 다르지요. 다양한 맛과 향을 가져 안주에 따라 그 맛이 좋아지거나 나빠질 수도 있답니다. 와인 특성에 맞지 않은 안주를 곁들이면 와인의 맛과 향을 느끼기 어렵지요. 페어링이 정말 중요한 술입니다.

SNACK SALAD

래디시와 오이샐러드
with 와인

싱그러운 여름에 잘 어울리는 그리스식 샐러드예요. 포인트로 넣은 페타치즈는 그리스식 샐러드에 빠지지 않고 등장하는 그리스의 국민치즈랍니다. 오이, 래디시에 토마토, 적양파를 추가해도 맛있어요.

ASSEMBLE

Base
오이 1개, 래디시 5개

Vegetable
차이브 10줄기

Protein
페타치즈 1큰술

Dressing
레몬드레싱 1큰술 P019 참조,
마요네즈 4큰술

RECIPE

1 오이와 래디시는 0.3cm 두께의 링 모양으로 썬다.
2 차이브는 곱게 썰고 페타치즈는 으깨 준비한다.
3 레몬드레싱에 마요네즈를 넣고 섞는다.
4 볼에 모든 내용물을 담아 섞은 뒤 접시에 담아낸다.

TIP
래디시는 너무 두껍지 않게 썰기
컬러풀한 색감과 아삭한 식감의 래디시는 적당한 두께로 슬라이스하는 게 중요해요. 너무 두껍게 썰면 식감이 좋지 않으니 두께를 조절해주세요.

SNACK SALAD

연어감자샐러드 with 와인

프랑스 유학시절 집주인 아주머니가 강력 추천해준 메뉴예요. 조리법은 간단해도 맛은 기가 막히지요. 감자와 연어의 담백함과 레몬드레싱의 상큼함이 훌륭한 조화를 이룬답니다. 레몬이 연어의 비린내와 느끼함을 잡아줄 거예요.

ASSEMBLE

Base
감자 1개 (삶기: 소금 1큰술)

Vegetable
딜·이태리파슬리 1줄기씩

Protein
연어 100g

Dressing
레몬드레싱 2큰술 P019 참조

RECIPE

1 감자는 껍질을 벗겨 2cm 크기의 큐브 모양으로 썰어 소금을 넣고 15분간 삶는다.

2 연어는 감자와 같은 크기, 모양으로 썬다.

3 딜과 파슬리는 장식용 잎 한 장씩을 남기고 곱게 다진다.

4 볼에 삶은 감자와 연어, 다진 딜과 파슬리를 담고 레몬드레싱과 버무린다.

5 접시에 ④를 올리고 남겨둔 딜잎과 파슬리잎을 토핑한다.

TIP

연어는 감자 크기에 맞춰 썰기
샐러드의 담음새가 예쁘려면 재료들의 모양이나 크기가 일정해야 접시에 담았을 때 깔끔해 보이죠. 연어도 감자와 비슷한 크기와 모양으로 썰어주세요.

SNACK SALAD

126

SNACK SALAD

치미추리안심샐러드
with 와인

스테이크가 부담스러운 날에는 채소를 곁들여 샐러드로 즐기세요.
치미추리드레싱이 고기의 느끼함은 잡아주고 상큼함을 더해줍니다.
안심을 먹기 좋은 크기로 썰어 넣어 여럿이 함께 즐기기에도 좋아요.

ASSEMBLE

Base
루꼴라 80g

Vegetable
프리세 20g

Protein
안심 150g (굽기: 올리브오일 1과1/2큰술)

Topping
적양파 20g, 그라노파다노치즈 10g

Dressing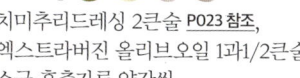
치미추리드레싱 2큰술 **P023 참조**,
엑스트라버진 올리브오일 1과1/2큰술,
소금·후춧가루 약간씩

RECIPE

1. 루꼴라와 프리세는 적당한 크기로 잘라 찬물에 담갔다가 사용하기 직전에 체에 밭쳐 물기를 뺀다.

2. 안심은 한입 크기로 썰어 올리브오일을 두른 팬에서 센 불로 구워 치미추리드레싱에 버무린다.

3. 적양파는 얇게 채썬다.

4. 접시 한쪽에 루꼴라와 프리세를 담고 남은 공간에 ②를 올린다.

5. 채소 위에 그라노파다노치즈를 얇게 썰어 올리고 적양파도 토핑한다. 마지막으로 엑스트라버진 올리브오일과 소금, 후춧가루를 뿌려준다.

TIP

구운 고기는 드레싱에 버무려 두기
구운 고기를 소스에 버무리면 고기의 맛과 향이 더욱 증대됩니다. 치미추리드레싱은 특히 소고기와 궁합이 좋아요.

SNACK SALAD

아보카도무스와 엔다이브관자샐러드
with 와인

엔다이브는 그 자체로 아삭한 샐러드 채소입니다. 오늘은 엔다이브를 구워 풍미를 더했어요. 센 불에서 구우면 속까지 익지 않아 질길 수 있으니 약한 불에서 천천히 익혀주는 게 포인트예요.

ASSEMBLE

Base
엔다이브 1개
(굽기: 올리브오일 1과1/2큰술, 버터 1큰술)

Protein
관자 6개
(굽기: 올리브오일 1과1/2큰술, 버터 1큰술)

Topping
어린잎 채소 약간

Dressing
아보카도무스 4큰술 **P029 참조**

RECIPE

1 엔다이브는 모양대로 반 자른다.

2 팬에 올리브오일을 두르고 엔다이브를 굽다가 색이 나면 약한 불로 줄여 버터를 넣고 다시 한 번 굽는다.

3 다른 팬에 올리브오일을 둘러 달구어지면 관자를 넣고 겉면이 바삭해지면 불을 줄이고 버터를 넣어 향을 더한다.

4 구운 엔다이브와 구운 관자는 한김 식히고 아보카도무스를 짤주머니에 넣는다.

5 접시에 구운 엔다이브를 담고 한 김 식힌 구운 관자를 올려낸 뒤 아보카도무스를 적당히 올린다.

6 어린잎 채소로 토핑한다.

TIP

아보카도무스는 냉장고에 보관
아보카도무스를 올릴 때 관자나 엔다이브가 너무 뜨거우면 무스가 흘러내릴 수 있으니 한 김 식혀주세요. 사용 후 남은 아보카도무스는 반드시 냉장보관합니다.

SNACK SALAD

구운 채소샐러드와 고르곤졸라크림
with 와인

집에 있는 채소들을 구워 접시 위에 층층이 올려보세요. 거기에 고르곤졸라크림을 뿌리면 금세 레스토랑 샐러드가 완성되지요. 고르곤졸라치즈는 이탈리아의 대표적인 블루치즈로 달콤하고 톡 쏘는 맛이 특징이죠. 크림처럼 부드러워 소스나 파스타 속재료로 사용하기 좋아요.

ASSEMBLE

Base
애호박 1/3개, 가지 1/4개,
새송이버섯·아스파라거스 1개씩,
양파 1/2개 (채소 굽기: 각 올리브오일
1과1/2큰술씩)

Topping
다진 파슬리잎 5장분, 핑크페퍼 6알,
딜잎 3장

Dressing
발사믹리덕션 1큰술 **P030 참조**

Sauce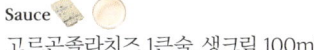
고르곤졸라치즈 1큰술, 생크림 100ml

RECIPE

1. 애호박, 가지, 새송이버섯, 양파는 1cm 두께의 링 모양으로 썰고 아스파라거스는 5cm 길이로 자른다.
2. 팬에 올리브오일을 둘러 ①의 채소를 각각 굽는다.
3. 구운 채소에 발사믹리덕션과 다진 파슬리를 뿌린다.
4. 고르곤졸라치즈와 생크림을 3분간 끓여 되직한 소스를 만든다.
5. 접시에 구운 채소를 층층이 올린 후 ④의 소스를 뿌려준다.
6. 핑크페퍼와 딜잎으로 토핑한다.

TIP

채소를 올릴 때는 무게 중심을 고려
채소를 층층이 올려 쌓을 때는 무게가 가장 많이 나가는 채소를 바닥에 놓고 무거운 순서대로 올려주세요. 그래야 쓰러지지 않고 예쁘게 담을 수 있어요.

바질페스토오징어샐러드
with 와인

바질페스토는 만들어두면 다양한 요리에 사용하기 좋아요.
데친 오징어에 버무리면 해산물의 비린맛을 바질이 잡아주지요.
바질은 노화방지, 소화불량 해소, 이뇨작용에 좋은 허브예요.

ASSEMBLE

Base
세발나물 30g

Vegetable
방울토마토 8개

Protein
오징어 1마리
(데치기: 레몬 1/4개, 월계수잎 1장, 통후추 5알)

Topping
래디시 1/2개, 통조림 병아리콩 1큰술

Dressing
바질페스토 2큰술 **P026 참조**

RECIPE

1. 오징어는 몸통과 다리를 분리해 내장과 껍질을 제거한 뒤 링 모양으로 썬다.
2. 냄비에 레몬, 월계수잎, 통후추를 넣고 끓으면 오징어를 넣어 약 2분간 데친다.
3. 세발나물은 찬물에 담갔다가 사용하기 직전에 체에 밭쳐 물기를 뺀다.
4. 방울토마토는 반 가르고 래디시는 링 모양으로 얇게 썬다.
5. 볼에 바질페스토와 데친 오징어, 방울토마토를 넣고 버무린다.
6. 접시에 세발나물을 담고 그 위에 ⑤를 올린 뒤 병아리콩과 래디시 슬라이스로 토핑한다.

> **TIP**
> **하루 숙성하면 맛이 더 좋아져**
> 데친 오징어에 바질페스토를 버무려 냉장고에서 하루 숙성한 뒤 샐러드에 사용하세요. 맛과 풍미가 훨씬 좋아집니다.

SNACK SALAD

레몬버터치킨과 아스파라거스
with 와인

특별한 드레싱 없이 닭가슴살을 구울 때 넣은 레몬즙과 버터로 맛을 낸 샐러드예요. 아스파라거스 속의 글루타티온 성분이 간 해독에 도움을 주어 숙취 부담까지 덜어주는 기특한 안주지요.

ASSEMBLE

Base
아스파라거스 8개 (굽기: 올리브오일 약간)

Protein
닭가슴살 1개 (굽기: 올리브오일 1과1/2큰술, 레몬즙 1/2개분, 버터 1큰술, 소금·후춧가루 약간씩)

Topping
부순 호두 1큰술

RECIPE

1. 아스파라거스는 껍질을 제거한 뒤 뿌리 부분만 3cm 정도 잘라낸다.
2. 팬에 올리브오일을 두르고 준비한 아스파라거스를 굽는다.
3. 닭가슴살은 두껍지 않도록 칼로 얇게 편다.
4. 팬에 올리브오일을 두르고 닭가슴살을 올린 뒤 레몬즙과 버터, 소금, 후춧가루를 넣고 굽는다.
5. 접시에 구운 아스파라거스를 올리고 ④의 버터치킨과 부순 호두를 곁들인다.

TIP

아스파라거스는 오일과 함께 굽기
아스파라거스를 구울 때는 올리브오일이나 버터를 넣어주세요. 아스파라거스에 함유된 풍부한 지용성 비타민의 흡수를 돕습니다.

SNACK SALAD

돌나물바지락샐러드
with 소주

바지락에는 베타인, 비타민B1, 비타민B2 등 간의 해독기능을 돕는 성분이 많이 함유되어 있어요. 우리가 바지락술찜을 안주로 즐겨 먹는 이유도 거기에 있죠. 바지락을 채소와 함께 가볍게 즐기고 싶을 때 추천하는 샐러드예요. 바지락은 미리 해감해두세요.

ASSEMBLE

Base
돌나물 50g

Vegetable
마늘 5쪽 (기름내기: 올리브오일 1과 1/2큰술)

Protein
바지락 15개 (볶기: 발사믹드레싱 3큰술)

Topping
래디시 1개

Dressing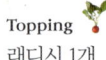
엑스트라버진 올리브오일 2/3큰술

RECIPE

1 돌나물은 찬물에 담갔다가 사용하기 직전에 체에 받쳐 물기를 뺀다.

2 마늘은 칼등으로 으깨 올리브오일을 두른 팬에서 약한 불로 볶아 마늘기름을 낸다.

3 ②에 바지락을 넣어 살짝 볶은 뒤 발사믹드레싱을 넣고 더 볶아가며 익힌다.

4 래디시는 링 모양으로 얇게 슬라이스한다.

5 접시에 돌나물을 담고 볶은 바지락을 올린 뒤 래디시 슬라이스와 엑스트라버진 올리브오일을 곁들인다.

TIP

마늘은 즉석에서 으깨 사용
마늘기름을 낼 때 간마늘을 사용하면 마늘이 금방 타버려 음식 맛을 해치기 쉬워요. 가볍게 으깬 마늘을 천천히 기름과 함께 익히면서 기름을 내주세요.

SNACK SALAD

달래관자샐러드
with 소주

비타민C가 풍부한 달래는 피부미용에도 좋고 활력을 높여주는 식재료지요. 달래로 샐러드를 만들어 피로감을 덜어내세요. 찌개와 무침으로만 먹던 달래의 새로운 면모를 발견하게 될 거예요. 톡 쏘는 달래의 맛과 향이 샐러드와 잘 어울려요.

ASSEMBLE

Base
달래 20g

Vegetable
치커리 20g

Protein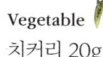
관자 2개 (간하기: 소금·후춧가루 약간씩
굽기: 올리브오일 1과1/2큰술)

Topping
어린잎 채소 10g

Dressing
발사믹드레싱 3큰술 P020 참조

RECIPE

1. 관자는 수분기를 없앤 뒤 소금과 후춧가루로 간한다.
2. 달군 팬에 올리브오일을 두른 후 관자를 넣고 센 불로 앞뒤를 바삭하게 굽는다.
3. 달래는 뿌리째 치커리와 함께 먹기 좋게 썰어 찬물에 담갔다가 체에 밭쳐 물기를 뺀다.
4. 어린잎 채소는 찬물에 담갔다 물기를 뺀다.
5. 접시에 달래와 치커리를 담고 구운 관자를 올린다.
6. 드레싱을 곁들인 뒤 어린잎 채소를 올려 완성한다.

TIP

관자는 달군 팬에 구워야 맛나
관자는 굽기 전에 키친타월로 겉면의 수분기를 없애야 물기가 튀지 않아요. 또한 낮은 온도의 팬에서 구우면 관자가 들러붙거나 육즙이 빠질 수 있답니다.

알배추전샐러드
with 소주

알배추는 달달한 맛에 즐겨 찾지요. 식욕도 올려주고 섬유질이 풍부해 장 건강에도 도움을 줘요. 하지만 한 번 구입하면 양이 많아 고민스러울 때가 많죠. 그럴 때 알배추전샐러드를 만들어보세요. 색다른 맛에 빠질 거예요.

ASSEMBLE

Base
알배추 3장
(반죽옷: 부침가루·물 6큰술씩, 소금 약간
굽기: 올리브오일 6큰술)

Vegetable
루꼴라·적양파 10g씩

Dressing
참깨드레싱 2큰술 P022 참조

RECIPE

1 알배추는 낱장으로 뜯어 찬물에 씻어낸다.

2 부침가루와 동량의 물, 약간의 소금을 섞은 반죽옷을 알배추에 묻혀 올리브오일을 두른 팬에 올려 앞뒤로 굽는다.

3 적양파는 얇게 채썰어 루꼴라와 함께 찬물에 담갔다가 체에 밭쳐 물기를 뺀다.

4 접시에 알배추전을 담고 참깨드레싱을 뿌린다.

5 루꼴라와 채썬 적양파를 곁들여낸다.

TIP

알배추는 구운 뒤 기름기 제거
알배추는 살짝 구우면 고소함과 담백함이 살아나지요. 구운 뒤에는 키친타월에 올려 기름기를 제거하고 드세요. 봄에 알배추 대신 봄동으로 만들어도 좋아요.

SNACK SALAD

141

SNACK SALAD

차돌박이샐러드
with 소주

차돌박이 부위는 주로 구이나 샤브샤브용으로 많이 사용해요. 쫀득한 식감에 고소한 맛으로 중독성이 강하죠. 차돌박이샐러드 한입에 소주 한 모금 넘기면 오늘의 스트레스가 사라질 거예요. 차돌박이 대신 베이컨을 이용해도 좋아요.

ASSEMBLE

Base
팽이버섯 1/2봉 (볶기: 올리브오일 1과1/2큰술)

Vegetable
양상추 1/4통,
로메인·치커리·라디치오·롤라로사 20g씩

Protein
차돌박이 80g (굽기: 올리브오일 1과1/2큰술)

Topping
적양파 1/4개, 차이브 5줄기

Dressing
발사믹드레싱 3큰술 P020 참조,
참기름 1큰술, 굴소스·깨소금 1/2큰술씩

RECIPE

1 잎채소들은 먹기 좋게 잘라 찬물에 담갔다가 사용하기 직전에 체에 밭쳐 물기를 뺀다.

2 팽이버섯과 차돌박이는 올리브오일을 두른 팬에서 각각 볶거나 굽는다.

3 적양파는 얇게 채썰고 차이브도 같은 길이로 썬다.

4 볼에 발사믹드레싱과 참기름, 굴소스, 깨소금을 섞어 드레싱을 만든다.

5 접시에 잎채소를 담고 구운 차돌박이와 버섯을 올린다.

6 채썬 적양파와 차이브를 곁들이고 ④의 드레싱을 뿌려 마무리한다.

TIP

차돌박이는 센 불에서 구워야
차돌박이는 지방과 살코기가 고루 분포되어 고소하고 담백한 맛이 일품이지요. 하지만 낮은 온도에서 구우면 고기의 누린내가 날 수 있으니 반드시 센 불에서 구워주세요.

SNACK SALAD

트러플향의 육회샐러드
with 소주

트러플은 세계 3대 진미로 유명하지요. 요즘 들어 국내에서도 다양한 음식에 트러플이나 트러플오일을 곁들이고 있어요. 특히 육회와 트러플오일은 찰떡궁합입니다. 손님 초대상에도 내놓기 좋은 샐러드예요.

ASSEMBLE

Base
래디시 1개, 적양파 1/4개

Sub Protein
육회용 다진 소고기 100g (버무리기: 트러플오일 3큰술, 소금·후춧가루 약간씩)

Topping
메추리알 1개

RECIPE

1 육회용 다진 소고기는 키친타월에 올려 핏기를 제거한 뒤 트러플오일과 소금, 후춧가루로 버무린다.

2 래디시는 링 모양으로 얇게 썬다.

3 적양파는 얇게 채썰어 찬물에 담가 매운맛을 제거한다.

4 접시에 ①의 육회를 담고 그 위에 메추리알 노른자만 분리해 올린다.

5 래디시 슬라이스와 채썬 적양파를 더해 마무리한다.

TIP

육회는 오일에 버무려 살짝 얼리면 더 맛나
송로버섯의 오일을 가미해 진한 향이 느껴지는 육회샐러드예요. 육회를 오일에 버무린 뒤 살짝 얼려 즐기면 훨씬 맛있답니다.

SNACK SALAD

145

SNACK SALAD

엔다이브게살샐러드 with 소주

크래미는 집 앞 편의점에서도 쉽게 구할 수 있는 재료지요. 여기에 엔다이브와 바질페스토만 더하면 멋진 핑거푸드로 변신한답니다. 친구들을 초대해 간단히 소주 한 잔 하고 싶을 때 만들어보세요.

ASSEMBLE

Base
엔다이브 1개

Vegetable
방울토마토 10개

Protein
크래미 2개

Topping
어린잎 채소 약간

Dressing
바질페스토 2큰술 P026 참조,
마요네즈 1큰술

RECIPE

1 엔다이브는 한 잎씩 떼어 찬물에 담갔다가 사용하기 직전에 체에 밭쳐 물기를 뺀다.

2 방울토마토는 4등분하고 크래미는 잘게 찢는다.

3 볼에 바질페스토와 마요네즈, 방울토마토, 크래미를 넣고 섞는다.

4 접시 위에 엔다이브를 한 잎씩 놓고 그 위에 ③을 적당량씩 올린 뒤 어린잎 채소로 토핑한다.

TIP

저칼로리를 원한다면 마요네즈 생략
바질페스토에 마요네즈를 섞은 고소한 드레싱이에요. 칼로리를 생각해 마요네즈를 빼고 섞어도 맛있게 즐길 수 있어요.

SNACK SALAD

스페인스타일의 홍합샐러드
with 소주

스페인에서는 이 홍합 요리를 술과 함께 즐겨 먹어요. 신선한 채소를 곁들인 스페인 스타일의 홍합샐러드는 지친 하루를 달래줄 소주 안주로 안성맞춤이에요.

ASSEMBLE

Base
빨강 파프리카·노랑 파프리카 10g씩

Vegetable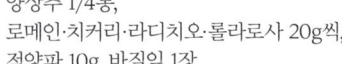
양상추 1/4통,
로메인·치커리·라디치오·롤라로사 20g씩,
적양파 10g, 바질잎 1장

Protein
홍합 10개

Topping
딜잎 5장

Dressing
레몬드레싱 5큰술 P019 참조,
와인식초 1큰술

RECIPE

1. 잎채소는 먹기 좋게 잘라 찬물에 담갔다가 사용하기 직전에 체에 밭쳐 물기를 뺀다.
2. 홍합은 끓는 물에 10분간 삶아낸 뒤 한쪽 껍질을 벗긴다.
3. 파프리카와 적양파, 바질잎은 곱게 다진다.
4. 볼에 레몬드레싱과 와인식초, ③의 다진 채소를 넣고 섞는다.
5. 접시에 잎채소를 담고 홍합을 올린 뒤 홍합 위에 ④를 뿌린다.
6. 준비한 딜잎을 토핑하고 마무리한다.

> **TIP**
> **매콤한 맛을 원하면 고추 추가**
> 파프리카와 적양파, 바질잎을 더한 소스는 도미, 광어, 우럭 같은 생선회와 곁들여도 잘 어울려요. 매콤한 맛을 더하고 싶다면 고추를 곱게 다져 섞어 드세요.

SNACK SALAD

네 번째 테이블

가볍게! 맛있게!
다이어트 샐러드

저칼로리의 샐러드는 더없이 좋은 다이어트 요리입니다.
재료 궁합에 따라 더 효과적인 다이어트 식단이 될 수
있지요. 다이어트를 위해 매일 먹는 달걀과 닭가슴살에
질렸다면 이제 다양한 샐러드 메뉴에 도전하세요.
이번 테이블은 맛있게 먹고 다이어트할 수 있는
샐러드를 소개합니다.

DIET SALAD

DIET SALAD

비트과일샐러드

알록달록 컬러풀한 샐러드예요. 비트의 보라, 망고의 노랑, 셀러리의 초록… 자연의 천연색이 식탁을 예쁘게 만들어줍니다. 특히 비트는 저열량 지지방 식품으로 다이어트는 물론 철분이 풍부해 빈혈 예방에도 좋아요.

ASSEMBLE

Base
비트 1/4개 (삶기: 설탕 1/2큰술)

Vegetable & Fruits
사과 1/4개, 망고 20g, 셀러리 1줄기

Protein
리코타치즈 5큰술

Topping
딜잎·어린잎 채소 약간씩

Dressing
레몬드레싱 3큰술 P019 참조

RECIPE

1. 비트는 껍질을 제거해 1cm 크기의 큐브 모양으로 썰고 끓는 물에 설탕과 함께 약 4분간 삶는다.
2. 사과와 망고도 비트 크기에 맞추어 자른다.
3. 셀러리는 칼끝으로 막을 벗겨 섬유질을 제거한 후 먹기 좋게 썬다.
4. 리코타치즈를 짤주머니에 담아 준비한다.
5. 접시에 큐브 모양으로 준비한 과일과 채소를 담고 드레싱을 뿌린다.
6. 짤주머니의 리코타치즈를 같은 크기로 올린 뒤 딜잎과 어린잎 채소로 토핑한다.

TIP

비트 삶을 때 설탕 추가
생으로 먹어도 맛있는 비트는 삶으면 식감이 더 부드럽고 맛도 업그레이드 되지요. 설탕을 조금 넣고 삶으면 더욱 맛있어져요.

DIET SALAD

구운 콜리플라워샐러드

단순한 맛의 콜리플라워의 변신이 놀라운 샐러드에요. 엔초비버터의 고소함이 콜리플라워에 스며들어 풍부한 맛을 내지요. 호불호가 갈리는 엔초비를 버터에 볶아 모두가 즐길 수 있도록 만들었어요. 소중한 사람과 함께 이 맛을 즐기고 싶어요.

ASSEMBLE

Base
콜리플라워 1/2개
(굽기: 버터 1큰술, 허브빵가루 3큰술 P091 참조)

Protein
엔초비 2마리 (볶기: 버터 4큰술)

Topping
파슬리잎 5장

Dressing
발사믹리덕션 1큰술 P030 참조

RECIPE

1. 콜리플라워는 끓는 물에 넣어 5분간 데친다.
2. 팬에 버터를 녹이고 엔초비를 찢어 넣고 볶는다.
3. 데친 콜리플라워에 ②의 엔초비버터를 바르고 200℃로 예열한 오븐에서 7분간 굽는다.
4. ③의 구운 콜리플라워에 버터 1큰술을 바르고 그 위에 허브빵가루를 묻혀 5분간 더 굽는다.
5. 접시에 담고 파슬리를 다져 뿌린 뒤 발사믹리덕션을 곁들인다.

TIP

중간에 버터 덧발라 굽기
콜리플라워는 두 번 나눠서 구워주세요. 엔초비버터를 발라 1차로 굽고 다시 꺼내 버터를 추가로 덧발라 2차로 굽습니다. 맛이 훨씬 좋아져요.

DIET SALAD

발사믹방울토마토 샐러드

발사믹드레싱과 어우러진 방울토마토의 상큼함이 식욕을 돋우는 샐러드예요. 피클 대용으로도 먹기 좋지요. 발사믹드레싱만 있다면 언제든 손쉽게 만들 수 있답니다. 예쁜 유리병에 담아 지인에게 선물해도 좋아요.

ASSEMBLE

Base
방울토마토 20개

Protein
보코치니치즈 8개

Topping
어린잎 채소 10g

Dressing
발사믹드레싱 1/2컵 P020 참조

RECIPE

1 방울토마토는 십자 모양으로 칼집을 낸 뒤 끓는 물에 10초간 넣었다가 빼어 찬물에 담근다.

2 식힌 방울토마토의 껍질을 벗긴다.

3 용기에 껍질 벗긴 방울토마토와 보코치니치즈를 넣고 발사믹드레싱을 붓는다.

4 냉장고에서 하루 동안 숙성시킨다.

5 접시에 담고 어린잎 채소를 곁들여낸다.

TIP

방울토마토는 껍질을 벗겨 넣기
방울토마토는 발사믹드레싱에 넣기 전에 반드시 껍질을 벗겨야 해요. 그래야 과육 속으로 드레싱이 충분히 스며들어요. 토마토를 건져 먹고 남은 드레싱은 샐러드에 다시 활용해도 좋아요.

아보카도무스오렌지 샐러드

구운 아보카도와 아보카도무스는 같은 재료지만 전혀 다른 맛과 식감을 내지요. 구운 아보카도의 고소하고 담백한 맛에 상큼한 아보카도무스의 조화가 일품이에요. 여기에 비타민C가 풍부한 오렌지까지 더하면 완벽한 다이어트 샐러드죠.

ASSEMBLE

Base
아보카도 1개 (굽기: 올리브오일 1과1/2큰술, 소금·후춧가루 약간씩)

Fruits
오렌지 1개

Topping
프리세·처빌 또는 어린잎 채소 10g씩

Dressing
아보카도무스 3큰술 **P029 참조**, 엑스트라버진 올리브오일 1큰술

RECIPE

1 프리세과 처빌은 찬물에 담갔다가 사용하기 직전에 체에 밭쳐 물기를 뺀다.

2 아보카도는 껍질을 벗겨 모양대로 8조각으로 자른다.

3 올리브오일을 두른 팬에 아보카도를 살짝 구워 소금과 후춧가루를 뿌린다.

4 오렌지는 껍질만 벗겨 과육만 도려낸다.

5 아보카도무스를 짤주머니에 담는다.

6 접시에 아보카도와 오렌지를 켜켜이 담고 아보카도무스를 곳곳에 짜준다. 프리세과 처빌로 토핑한 뒤 엑스트라버진 올리브오일을 뿌려낸다.

TIP

아보카도를 구울 때는 변색에 주의
구운 아보카도는 생 아보카도와 완전히 다른 맛을 냅니다. 더 고소하고 담백하지요. 다만 불에서 구울 때 아보카도의 색이 금세 검게 될 수 있으니 살짝만 구우세요.

DIET SALAD

문어시트러스샐러드

문어는 칼로리가 낮은 반면 포만감과 단백질 함유량이 높아 다이어트에 좋은 재료예요. 상큼한 오렌지와 자몽, 블랙올리브를 더하니 스페인의 유명한 타파스가 부럽지 않네요. 한 번 맛보면 계속 떠오르는 맛이에요.

ASSEMBLE

Base
비타민 50g

Vegetable & Fruits
오렌지·자몽 1/2개씩, 올리브 5개

Protein
문어 1/3마리
(삶기: 타임 5줄기, 월계수잎 2장, 통후추 5장,
재우기: 이탈리안드레싱 2큰술)

Dressing
이탈리안드레싱 4큰술 P021 참조,
고추 1개, 파프리카 10g

RECIPE

1. 문어는 머리와 내장, 잔여물을 제거한 뒤 끓는 물에 타임과 월계수잎, 통후추와 함께 넣고 15분간 삶는다.

2. 삶은 문어는 한입 크기로 썰어 이탈리안드레싱에 재운다.

3. 비타민은 줄기를 제거하고 찬물에 담갔다가 체에 밭쳐 물기를 뺀다.

4. 고추는 씨를 제거하고 파프리카와 곱게 다져 이탈리안드레싱에 섞는다.

5. 오렌지와 자몽은 껍질을 벗겨 과육만 도려낸다. 올리브는 반으로 자른다.

6. 접시에 ②의 문어와 과일, 비타민, 올리브를 올린 뒤 ④의 드레싱을 곁들여낸다.

TIP
문어는 드레싱에 버무려 1~2시간 재우기
삶은 문어를 드레싱에 넣고 재우면 문어에 간이 잘 배어요. 문어를 위생봉투에 넣고 홍두깨나 조리용 망치로 두들겨 삶으면 육질이 한결 부드러워져요.

DIET SALAD

토마토밀푀유

토마토, 오이, 오렌지, 자몽의 상큼함과 생 모짜렐라치즈의 고소함이 조화를 이룬 샐러드예요. 컬러는 물론 모양도 예뻐 눈도 즐겁지요. 다이어트 중 나에게 주는 좋은 요리선물이에요. 계절별 제철 채소와 과일로 나만의 밀푀유를 만들어보세요.

ASSEMBLE

Base
토마토 1개

Vegetable & Fruits
오이 1/3개, 오렌지·자몽 1/2개씩

Protein
생 모짜렐라치즈 1/2개

Topping
프리세 10g

Dressing
비네거드레싱 3큰술 **P024 참조**

RECIPE

1 토마토는 십자 모양으로 칼집을 낸 뒤 끓는 물에 약 20초간 넣었다가 빼어 찬물에 담가 껍질을 벗긴다.

2 데친 토마토는 1cm 두께의 링 모양으로 썬다.

3 오렌지와 자몽은 껍질을 벗겨 토마토와 같은 두께, 모양으로 썬다.

4 오이와 모짜렐라치즈도 같은 두께, 모양으로 썬다.

5 접시에 준비한 채소와 과일, 치즈를 층층이 쌓아올린다.

6 중간중간 프리세를 곁들이고 드레싱을 뿌려낸다.

TIP

데친 토마토는 재빨리 찬물에 넣어야
토마토를 뜨거운 물에 넣으면 금세 껍질이 벗겨지고 과육이 익어버려요. 재빨리 찬물에 넣고 껍질을 벗겨주세요.

DIET SALAD

오이게살샐러드

한식에 오이선이 있다면 양식엔 오이게살샐러드가 있지요. 여름철 무더운 날씨, 입맛이 없을 때 추천해요. 오이의 시원함과 게살의 감칠맛이 지친 여름의 더위를 날려버리지요. 고소한 피넛드레싱과 잘 어울려요.

ASSEMBLE

Base
청오이 1개

Vegetable
당근·양배추 10g씩, 양파 1/4개

Protein
크래미 4개

Topping
말린 크랜베리 1큰술

Dressing
피넛드레싱 4큰술 P027 참조

RECIPE

1. 오이는 3등분으로 썰고 반 갈라 가운데 씨 부분을 C자로 제거한다.
2. 당근과 양배추, 양파는 얇게 채썰어 찬물에 담갔다가 물기를 뺀다.
3. 크래미는 결대로 얇게 찢는다.
4. 볼에 ②의 채소와 크래미, 드레싱을 넣고 섞는다.
5. 접시에 ①의 오이를 올리고 파낸 부분에 ④를 얹는다.
6. 말린 크랜베리로 토핑한다.

TIP

오이를 잎채소처럼 사용하기
오이의 속을 잘 파내면 엔다이브 같은 잎채소처럼 사용할 수 있어요. 매콤한 맛을 원한다면 오이 대신 아삭이고추를 활용하는 것도 방법이에요.

콜리플라워와 브로콜리샐러드

콜리플라워와 브로콜리는 모두 꽃봉오리를 식용으로 이용하는 꽃채소예요. 둘 다 다이어트 및 건강식품으로 유명하지만 막상 어떻게 먹어야 할지 몰라 망설이기 쉽죠. 초장에 찍어 먹는 건 나트륨 섭취를 늘려 다이어트에 좋지 않아요. 건강한 레시피를 소개합니다.

ASSEMBLE

Base
콜리플라워·브로콜리 1/3개씩

Vegetable
방울토마토 3개

Topping
부순 호두 1/2큰술

Dressing
허니머스터드 3큰술 P031 참조,
흑임자·참깨 1큰술씩

RECIPE

1. 콜리플라워와 브로콜리는 끓는 물에 넣어 5분간 데친다.
2. 데친 콜리플라워와 브로콜리는 한입 크기로 썰고, 방울토마토는 반으로 가른다.
3. 흑임자와 참깨는 곱게 갈아준다.
4. 볼에 ③과 허니머스터드를 넣고 섞어 드레싱을 만든다.
5. ④에 준비한 채소를 모두 넣고 버무린다.
6. 접시에 담고 그 위에 부순 호두를 토핑한다.

TIP
데친 채소는 조심스럽게 잘라야
데친 채소는 쉽게 부서질 수 있어요. 콜리플라워와 브로콜리도 마찬가지죠. 줄기 부분을 조심스럽게 잘라 먹기 좋게 썰어주세요.

DIET SALAD

DIET SALAD

DIET SALAD

사과닭가슴살샐러드

담백한 맛과 아삭한 식감이 특징인 돌나물은 샐러드로 활용할 때 맛과 식감이 잘 살아나죠. 무침소스 대신 샐러드용 드레싱과 곁들이니 그 맛이 특별해요. 사과, 파프리카 등의 아삭한 과일 및 채소와도 궁합이 좋아요.

ASSEMBLE

Base
돌나물 100g

Vegetable
사과 1개, 파프리카·당근 1/4개씩

Protein
닭가슴살 1개 (간하기: 소금·후춧가루 약간씩
굽기: 올리브오일 1과 1/2큰술)

Dressing
이탈리안드레싱 3큰술 **P021 참조**

RECIPE

1 돌나물은 찬물에 담갔다가 사용하기 직전에 체에 밭쳐 물기를 뺀다.

2 사과는 껍질을 벗겨 채썰고, 당근과 파프리카도 얇게 채썰어 찬물에 담갔다가 체에 밭쳐 물기를 뺀다.

3 닭가슴살은 포를 뜨듯 얇게 썰어 소금과 후춧가루로 간한 뒤 올리브오일을 두른 팬에서 굽는다.

4 볼에 구운 닭가슴살과 사과채, 당근채, 파프리카채, 드레싱을 넣고 버무린다.

5 적당한 병을 준비해 아래에 돌나물을 깔고 ④를 올리고 남은 돌나물을 차례대로 올린다.

TIP

돌나물은 무르기 쉬우니 빨리 사용해야
돌나물은 사용 전까지 반드시 차가운 물에 담가주세요. 나물 자체에 수분이 많으니 되도록 빨리 사용하는 게 좋아요.

DIET SALAD

루꼴라닭가슴살
샐러드

다이어트의 대명사 닭가슴살, 어떻게 드시나요? 매일 똑같은 식단의 다이어트가 지루하고 힘들었다면 오늘은 루꼴라로 가볍게 즐겨보세요. 클래식하면서도 맛있는 조합이에요.

ASSEMBLE

Base
루꼴라 20g

Vegetable
방울토마토 4개

Protein
닭가슴살 1개 (굽기: 올리브오일 1과1/2큰술, 로즈마리 2줄기), 리코타치즈 4큰술

Topping
그라노파다노치즈 10g

Dressing
이탈리안드레싱 4큰술 P021 참조, 발사믹리덕션 1큰술 P030 참조

RECIPE

1 닭가슴살은 올리브오일과 로즈마리를 더해 10분간 재운다.

2 재운 닭가슴살을 달군 팬에서 겉면이 노릇해지게 익히고 1cm 두께로 썬다.

3 루꼴라는 밑동을 제거하고 찬물에 담갔다가 사용하기 직전에 체에 밭쳐 물기를 뺀다.

4 방울토마토는 반으로 가르고 리코타치즈는 짤주머니에 담는다. 그라노파다노치즈는 얇게 슬라이스한다.

5 접시에 구운 닭가슴살과 루꼴라, 방울토마토를 담고 리코타치즈를 알맞은 크기로 짠다.

6 드레싱과 발사믹리덕션을 뿌린 뒤 얇게 썬 그라노파다노치즈로 토핑한다.

TIP

닭가슴살 마리네이드 하기
닭가슴살은 굽기 전에 로즈마리와 오일에 재우면 잡내를 잡아줍니다. 센 불로 달군 팬에 올려 앞뒤로 색을 낸 후 약한 불로 줄여 속까지 익혀주세요.

DIET SALAD

DIET SALAD

구운 토마토샐러드

토마토와 치즈는 피자나 파스타의 단골 재료지요. 하지만 다이어트 중에는 빵이나 면을 먹기가 부담스럽죠. 빠네파스타처럼 토마토 속에 여러 가지 채소와 치즈, 빵가루를 넣었어요. 구운 토마토 속 영양 가득한 재료들이 몸도 마음도 든든하게 해줄 거예요.

ASSEMBLE

Base
토마토 2개, 빵가루 2큰술
(버무리기: 바질페스토 2큰술 P026 참조)

Vegetable
통조림 옥수수 2큰술, 양파 1/4개

Protein
베이컨 2장 (굽기: 올리브오일 1과1/2큰술,
소금·후춧가루 약간씩), 모짜렐라치즈 1개

Dressing ●
발사믹리덕션 1큰술 P030 참조

RECIPE

1 토마토는 꼭지를 따고 윗부분을 잘라 속을 파낸다.

2 빵가루는 마른 팬에 올려 약한 불에서 노릇하게 굽는다.

3 볼에 구운 빵가루와 바질페스토를 넣고 버무린다.

4 베이컨은 한입 크기로 썰어 올리브오일을 두른 팬에서 구운 뒤 키친타월에 올려 기름기를 제거한다.

5 양파는 곱게 다지고 모짜렐라치즈는 0.5cm 크기의 큐브 모양으로 썬다.

6 볼에 모든 재료를 넣고 섞어 ①의 토마토 속에 넣는다.

7 200℃로 예열한 오븐에서 넣어 15분간 구워내 발사믹리덕션을 뿌린다.

TIP

토마토 꼭지 부분은 평평하게 썰기
토마토의 속을 파낼 때는 과도로 꼭지 부분만 평평하게 썰고 속은 숟가락을 이용해 파주세요. 과도로 속까지 파내면 토마토가 찢어지기 쉬워요.

DIET SALAD

멜론토마토샐러드

동글동글한 재료들의 조화가 눈을 즐겁게 하는 샐러드예요.
방울토마토, 멜론, 페타치즈, 바질이 모이니 지중해의 한 풍경 같아요.
특히 멜론은 저열량 식품이면서 식이섬유가 많아 포만감도 높지요.
여름 제철과일인 멜론을 다이어트에 활용해보세요.

ASSEMBLE

Base
루꼴라 50g, 바질잎 5장

Vegetable & Fruits
멜론 1/8통, 방울토마토 10개

Protein
페타치즈 1/2큰술

Dressing
레몬드레싱 3큰술 P019 참조

RECIPE

1. 방울토마토는 밑동에 십자 모양으로 칼집을 내어 끓는 물에 10초간 데쳤다가 찬물에 헹구어 껍질을 벗긴다.
2. 멜론은 화채 스쿱을 이용해 동그랗게 떠낸다.
3. 페타치즈는 손으로 으깬다.
4. 루꼴라는 잎만 떼어낸 후 바질잎과 함께 찬물에 담갔다가 체에 밭쳐 물기를 뺀다.
5. 접시에 루꼴라와 껍질을 벗긴 방울토마토, 멜론, 페타치즈, 바질잎을 모두 올리고 레몬드레싱을 뿌려낸다.

TIP

화채 스쿱으로 과일 뜨기
부드러운 과육의 멜론은 화채용 스쿱으로 동그랗게 모양을 내보세요. 멜론이 방울토마토 모양과 크기가 비슷해져 그릇에 담았을 때 예뻐요.

DIET SALAD

모둠콩과 보코치니치즈샐러드

콩은 낮은 칼로리에 식이섬유와 단백질이 풍부해 다이어트 식재료로 좋아요. 채식을 하는 사람이나 닭가슴살이 지겨워진 다이어터라면 다양한 콩으로 만든 샐러드로 몸에 꼭 필요한 단백질과 비타민을 챙기세요.

ASSEMBLE

Base
모둠콩 100g (삶기: 소금 1/3작은술)

Protein
보코치니치즈 10개

Topping
어린잎 채소 10g

Dressing
엑스트라버진 올리브오일 1과1/2큰술

RECIPE

1. 모둠콩은 병아리콩, 초록콩, 강낭콩 등을 섞어 준비한다.
2. 끓는 물에 약간의 소금과 모둠콩을 넣어 15분간 삶아 식힌다.
3. 볼에 삶은 콩, 보코치니치즈, 엑스트라버진 올리브오일을 넣어 함께 섞는다.
4. 접시에 ③을 담고 어린잎 채소를 곁들여낸다.

TIP

생 모짜렐라치즈를 사용해도 좋아
보코치니치즈는 이탈리아로 한입 크기라는 뜻을 담고 있어요. 보코치니치즈가 없다면 생 모짜렐라치즈를 사용해도 좋아요. 익힌 콩이 담긴 통조림 제품을 사용하면 손쉽게 샐러드를 완성할 수 있어요.

DIET SALAD

구운 파프리카로 감싼
참치샐러드

한입에 먹기 좋은 샐러드예요. 언제 어디서나 부담 없이 즐길 수 있어 다이어트 도시락 메뉴로도 안성맞춤이죠. 고단백 저지방인 참치와 저칼로리이지만 포만감을 주는 파프리카로 롤 모양의 샐러드를 만들었어요.

ASSEMBLE

Base
빨강 파프리카·노랑 파프리카 1개씩

Vegetable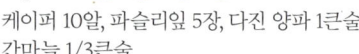
케이퍼 10알, 파슬리잎 5장, 다진 양파 1큰술, 간마늘 1/3큰술

Topping
통조림 참치 1캔

Dressing
치미추리드레싱 1큰술 P023 참조

RECIPE

1. 파프리카는 불 위에서 새까맣게 구워준다.
2. 구운 파프리카는 찬물에 담가 껍질을 벗긴 뒤 꼭지와 씨를 제거하고 키친타월로 물기를 제거한다.
3. 케이퍼와 파슬리는 곱게 다진다.
4. 참치는 체에 밭쳐 기름기를 제거한다.
5. 볼에 참치와 다진 케이퍼와 파슬리, 다진 양파와 간마늘, 드레싱을 넣고 섞는다.
6. 구운 파프리카를 넓게 펼친 후에 ⑤를 올린 뒤 돌돌 말아 먹기 좋게 썰어낸다.

TIP

파프리카 껍질 벗기기
파프리카는 불을 이용해 새까맣게 구운 뒤 찬물에 담그면 향이 더 진해져요. 이때 굽자마자 봉지에 담아 30분간 두었다가 찬물에 껍질을 벗기면 향과 풍미가 더욱 높아집니다.

DIET SALAD

주꾸미와 미니양배추의
타이풍 샐러드

저칼로리인 주꾸미는 다이어트에도 효과적이에요. 게다가 타우린이 다량 함유되어 있어 피로회복에도 뛰어나지요. 보양식인 주꾸미를 곁들인 샐러드로 바다의 기운을 만끽해보세요.

ASSEMBLE

Base
미니양배추 8개 (굽기: 올리브오일 1과1/2큰술)

Vegetable
초록콩 4깍지분, 방울토마토 3개,
적양파 10g

Protein
주꾸미 7마리 (굽기: 올리브오일 1과1/2큰술)

Topping
부순 호두 1/2큰술

Dressing
타이드레싱 3큰술 P025 참조

RECIPE

1. 초록콩은 끓는 물에 넣어 10분간 삶는다.
2. 미니양배추는 두꺼운 겉면을 벗긴 후 방울토마토와 함께 반으로 자르고 적양파는 얇게 채썬다.
3. 팬에 올리브오일을 두르고 미니양배추를 올려 약한 불에서 천천히 속까지 굽는다.
4. 주꾸미는 반으로 잘라 올리브오일을 두른 팬에서 센 불에 재빠르게 구워낸다.
5. 접시에 모든 재료를 올리고 드레싱을 곁들여낸다.

TIP

미니양배추는 약한 불에서 천천히 익히기
미니양배추는 그냥 먹어도 맛있지만 약한 불에서 속까지 천천히 구우면 더욱 맛있어져요. 센 불에 구우면 속은 익지 않고 겉면만 타버리기 쉬워요.

DIET SALAD

애호박페타치즈 샐러드

애호박을 넓고 얇게 슬라이스해 팟타이면처럼 활용했어요. 새우는 타이드레싱과 궁합이 좋지요. 페타치즈의 짠맛이 싫다면 우유에 담가두었다가 사용하세요. 쉽게 구할 수 있는 재료들로 이국적인 맛을 한껏 즐겨요.

ASSEMBLE

Base
애호박 1개

Protein
알새우 10개 (굽기: 올리브오일 1과1/2큰술, 소금·후춧가루 약간씩), 페타치즈 1큰술

Topping
부순 호두 1큰술, 식용꽃 약간

Dressing
타이드레싱 2큰술 **P025 참조**

RECIPE

1. 애호박은 0.3cm 두께로 필러를 이용해 길이대로 슬라이스한다.
2. 슬라이스한 애호박을 뜨거운 물에 넣어 1분간 데친다.
3. 팬에 올리브오일을 두르고 알새우를 넣고 가볍게 구우며 소금, 후춧가루로 간한다.
4. 페타치즈는 손으로 잘게 으깬다.
5. 접시에 ②의 애호박을 올리고 드레싱을 뿌린다.
6. 구운 알새우와 으깬 페타치즈를 올리고 부순 호두와 식용꽃으로 장식한다.

TIP

애호박은 0.3cm 폭으로 슬라이스
애호박은 너무 두껍게 슬라이스하면 데친 뒤 모양잡기가 어려워요. 반대로 두께가 너무 얇으면 데치면서 찢어질 수 있으니 두께에 주의하세요.

DIET SALAD

DIET SALAD

바질페스토애호박 샐러드

간단하게 만드는 샐러드예요. 애호박을 노릇하게 구워 바질페스토와 버무리면 완성이죠. 간단한 요리과정이지만 그 맛을 보면 깜짝 놀랄 거예요. 손님초대상에 올려도 부족함이 없는 귀여운 샐러드예요.

ASSEMBLE

Base
애호박 1개 (굽기: 올리브오일 1과1/2큰술, 소금·후춧가루 약간씩)

Topping
마카다미아 10개

Dressing
바질페스토 2큰술 P026 참조

RECIPE

1. 애호박은 약 0.8cm 두께의 링 모양으로 썬다.
2. 팬에 올리브오일을 두르고 슬라이스한 애호박을 올려 양면이 노릇해지도록 굽는다.
3. 구운 애호박은 한 김 식힌 후 바질페스토와 버무린다.
4. 마카다미아는 마른 팬에서 노릇하게 굽는다.
5. 접시에 ③을 올리고 구운 마카다미아로 토핑한다.

TIP

애호박 두께의 적정선은 1cm 미만
애호박은 너무 얇게 썰면 구우면서 탈 수 있어요. 너무 두꺼우면 속이 덜 익어 맛이 덜하지요. 0.8~1cm의 두께를 지켜주세요. 새송이버섯으로 만들어도 좋아요.

DIET SALAD

참치샐러드

참치는 다이어트 도중 닭가슴살에 이어 즐겨 찾는 단백질 공급원이지요. 채소와 함께 곁들이면 손쉽게 샐러드로 즐길 수 있어요. 오이의 아삭함과 부드러운 참치의 조화가 색달라요. 해동한 참치는 쉽게 갈변될 수 있으니 바로 먹는 게 좋아요.

ASSEMBLE

Base
방울토마토 10개

Vegetable
오이 1/2개

Protein
참치 100g

Topping
적양파 10g, 차이브 3줄기, 검정깨 1큰술

Dressing
참깨드레싱 2큰술 P022 참조, 마요네즈 1큰술

RECIPE

1. 참치는 너무 크지 않게 1cm 크기의 큐브 모양으로 썬다.
2. 방울토마토는 반으로 가르고, 오이도 같은 크기로 썬다.
3. 적양파와 차이브는 곱게 다진다.
4. 볼에 드레싱과 마요네즈를 넣고 섞는다.
5. ④에 참치와 방울토마토, 오이를 넣고 버무린 뒤 접시에 담는다.
6. 다진 적양파와 차이브, 검정깨로 토핑한다.

> **TIP**
>
> **샐러드 토핑 채소는 컬러풀하게**
> 샐러드 마무리 단계에 사용되는 토핑 채소는 컬러감이 중요해요. 알록달록한 채소를 골라 잘게 다지거나 썰어 올리면 비주얼은 물론 훨씬 먹음직스러워 보여요.

DIET SALAD

DIET SALAD

토마토카르파치오

빨강색, 흰색, 녹색의 재료가 모두 들어가 이탈리아 국기를 연상시키는 요리예요. 생 모짜렐라치즈와 토마토만 있으면 맛의 극대화를 이룰 수 있지요. 이탈리아의 대표적인 샐러드 중 하나이며, 와인과 함께 즐기기에도 좋습니다.

ASSEMBLE

Base
토마토 1개

cheese
생 모짜렐라치즈 1개

Topping
그라노파다노치즈 10g, 바질잎 5장

Dressing
엑스트라버진 올리브오일 1큰술,
발사믹리덕션 P030 참조·바질페스토 P026 참조
1큰술씩

RECIPE

1 토마토는 십자 모양으로 칼집을 내어 끓는 물에 약 20초간 넣었다가 찬물에 담가 껍질을 벗긴다.

2 껍질을 벗긴 토마토와 모짜렐라치즈는 모양 그대로 얇게 슬라이스한다.

3 접시에 토마토와 모짜렐라치즈를 겹쳐 둥글게 올린다.

4 엑스트라버진 올리브오일을 뿌린 뒤 발사믹리덕션과 바질페스토를 곁들인다.

5 얇게 썬 그라노파다노치즈와 바질잎으로 토핑한다.

TIP

모짜렐라치즈는 토마토와 같은 크기로
토마토와 모짜렐라치즈를 같은 모양과 두께로 슬라이스하는 게 포인트예요. 토마토는 가정용 슬라이서를 이용한다면 더욱 간편하게 자를 수 있습니다.

DIET SALAD

새우판짜넬라

판짜넬라는 오래된 빵에 올리브오일에 버무린 토마토, 적양파, 오이 등을 올려 먹는 이탈리아식 브레드 샐러드예요. 상큼한 채소들을 빵에 올리면 건강에도 좋고 포만감도 높지요. 토마토, 적양파, 오이가 아니라도 집에 있는 다양한 채소를 활용해도 좋아요.

ASSEMBLE

Base
방울토마토 15개, 셀러리·오이 20g씩

Protein
알새우 10마리 (데치기: 레몬 1/2개, 월계수잎 1장, 통후추 5알)

Topping
크루통 20개, 올리브 5개, 적양파 10g, 이태리파슬리 2줄기

Dressing
엑스트라버진 올리브오일 2/3큰술, 소금·후춧가루 약간씩

RECIPE

1 알새우는 끓는 물에 레몬, 월계수잎, 통후추와 함께 넣고 약 2분간 데친다.

2 방울토마토와 올리브는 반 가르고 적양파는 얇게 채썬다.

3 셀러리와 오이는 먹기 좋은 크기로 썬다.

4 파슬리는 곱게 다진다.

5 볼에 준비한 재료를 모두 넣고 올리브오일, 소금, 후춧가루를 더해 버무린다.

6 접시에 담고 그 위에 크루통으로 토핑한다.

TIP

양파, 대파로 해산물 비린내 없애기
새우를 데쳐낼 재료들이 없다면 양파와 대파를 활용하세요. 데친 새우를 보관할 때는 새우 데친 물을 덜어내 함께 두면 깔끔한 맛이 오래 유지됩니다.

DIET SALAD

다섯 번째 테이블

남은 샐러드 재료로 만드는
활용 샌드위치

애써 만든 샐러드가 조금 남거나 속재료가 약간씩 남았다면 고민하지 마세요. 한끼 샌드위치의 좋은 재료가 될 수 있답니다. 샐러드를 활용해 만들 수 있는 샌드위치 13가지를 소개합니다. 식빵이나 바게트만 있다면 손쉽게 완성할 수 있어요.

케이준치킨샌드위치
by 케이준치킨샐러드 응용

딸기키위과일샌드위치
by 키위와 올리브부르스게타 응용

케이준치킨샌드위치
by 케이준치킨샐러드 응용

매콤한 케이준스파이스에 버무려 튀긴 치킨으로 만든 샌드위치예요. 후춧가루, 파프리카파우더, 생강, 양파 등이 섞인 케이준스파이스는 여러 가지 요리에 사용되지요. 튀김뿐만 아니라 볶음밥에도 소량을 넣으면 색다른 요리로 변신합니다.

ASSEMBLE

Base
케이준치킨 4조각 P038 참조

Sub Ingredient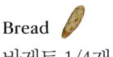
양상추 1장, 적양파 1/4개, 토마토 1/2개, 피클 5개

Bread
바게트 1/4개

Sauce
허니머스터드 3큰술 P031 참조

RECIPE

1 바게트는 반으로 갈라 오븐이나 팬에서 노릇하게 굽는다.
2 샐러드에 응용된 케이준치킨을 준비한다.
3 양상추는 먹기 좋게 썰고 적양파와 토마토는 0.3cm 두께로 링 모양으로 슬라이스한다.
4 구운 바게트 안쪽에 허니머스터드를 바르고 양상추를 깔고 케이준치킨, 피클, 적양파, 토마토를 올린다.
5 남은 바게트로 덮어 마무리한다.

TIP

케이준치킨 튀기는 요령
케이준치킨을 튀길 때는 속이 다 익었는지 꼭 체크해주세요. 케이준스파이스의 검붉은색이 튀기면 더 어두워져 육안으로는 확인이 어려워요.

SANDWICH

딸기키위과일샌드위치
by 키위와 올리브부르스게타 응용

샌드위치를 커팅하면 빨간 딸기와 하얀 크림이 한눈에 보여 기분까지 좋아지는 샌드위치예요. 제철과일을 생크림과 곁들여 샌드위치를 만들어보세요. 입안에서 과일 즙과 어우러진 생크림이 달콤해요. 키위와 올리브부르스게타 속재료를 응용해 만들었어요.

ASSEMBLE

Base
키위올리브믹스 3큰술 **P080 참조**

Sub Ingredient
딸기 9개

Bread
식빵 2장

Sauce
생크림 200ml, 설탕 1큰술

RECIPE

1 식빵은 마른 팬에서 앞뒤로 노릇하게 굽는다.

2 볼에 생크림과 설탕을 넣어 흐르지 않고 빡빡한 상태가 될 때까지 한쪽 방향으로 휘핑한다.

3 딸기는 꼭지를 제거한다.

4 구운 식빵 안쪽 면에 ②의 생크림을 올리고 딸기, 키위올리브믹스, ②의 생크림을 순서대로 올린다.

5 남은 식빵으로 덮어 마무리한다.

TIP

휘핑크림 만들기
휘핑크림을 만들 때는 반드시 휘핑 볼 아래에 얼음을 담은 볼을 받친 뒤 한쪽 방향으로 휘핑하세요. 생크림과 휘핑크림은 낮은 온도에서 잘 만들어져요.

SANDWICH

치미추리샌드위치
by 치미추리드레싱 응용

한입 베어물면 이국적인 느낌이 전해지는 치미추리드레싱은 요즘 세계적으로 사랑받는 드레싱이에요. 아르헨티나 초원에 살던 원주민들이 바비큐에 곁들여 먹던 소스에서 유래되었어요. 고기랑 특히 잘 어울리는 드레싱으로, 베이컨 외에 고기를 넣어도 좋아요.

ASSEMBLE

Base
새송이버섯 2개 (굽기: 올리브오일 1과1/2큰술), 베이컨 2장 (굽기: 올리브오일 1과1/2큰술)

Sub Ingredient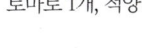
토마토 1개, 적양파 1/3개

Bread
식빵 2개

Sauce
치미추리드레싱 2큰술 **P023 참조**

RECIPE

1. 식빵은 오븐이나 팬에서 노릇하게 굽는다.
2. 베이컨은 올리브오일을 두른 팬에 바삭하게 구워 키친타월 위에 올려 기름기를 제거한다.
3. 새송이버섯은 0.5cm 두께로 썰어 올리브오일을 두른 팬에서 노릇하게 굽는다.
4. 토마토와 적양파는 0.3cm 두께의 링 모양으로 슬라이스한다.
5. 구운 식빵 안쪽 면에 치미추리드레싱을 얇게 바르고 구운 베이컨, 구운 새송이버섯, 적양파, 토마토를 올린다.
6. 남은 식빵으로 덮어 마무리한다.

TIP
샌드위치용 버섯은 새송이버섯이 제격
샌드위치에 버섯을 넣는다면 새송이버섯을 추천해요. 양송이버섯은 물이 많이 나오고 표고버섯은 향이 진해 다른 재료와 어울리기 어려워요.

치즈샌드위치
by 그리스풍 샐러드 응용

페타치즈로 풍미를 낸 그리스풍 샐러드를 응용한 샌드위치예요. 페타치즈에 카망베르치즈를 더했지요. 카망베르치즈는 치즈 본연의 크리미한 느낌을 줄 수 있어 샌드위치 속재료로 안성맞춤이죠. 프랑스 브리치즈도 맛이 거의 흡사해요.

ASSEMBLE

Base
페타치즈 1큰술, 카망베르치즈 1/3개

Sub Ingredient
베이컨 2장 (굽기: 올리브오일 1과1/2큰술),
양상추 1장, 로메인 20g, 토마토 1/2개,
적양파 1/3개

Bread
식빵 2개

Sauce
엑스트라버진 올리브오일 2큰술

RECIPE

1. 식빵은 오븐이나 팬에서 노릇하게 굽는다.
2. 베이컨은 올리브오일을 두른 팬에 바삭하게 구워 키친타월 위에 올려 기름기를 제거한다.
3. 양상추와 로메인은 찬물에 담갔다가 사용하기 직전에 체에 밭쳐 물기를 뺀다.
4. 적양파와 토마토는 0.3cm 두께의 링 모양으로 썬다.
5. 페타치즈는 손으로 으깨고 카망베르치즈는 0.5cm 두께로 썬다.
6. 식빵 안쪽 면에 엑스트라버진 올리브오일을 바르고 양상추, 로메인, 토마토, 적양파, 페타치즈, 카망베르치즈 순으로 올린다.
7. 남은 식빵으로 덮어 마무리한다.

TIP
다양한 치즈로 믹스하기
카망베르 치즈 대신 취향에 따라 고르곤졸라치즈나 에멘탈치즈, 브리치즈 등 여러 가지 치즈로 맛을 낼 수 있어요. 치즈의 겉면을 살짝 구워주면 훨씬 더 맛있고 부드러운 치즈 본연의 맛이 나요.

바질페스토샌드위치
by 바질페스토애호박샐러드 응용

이탈리아 제노바 지역에서 유래한 페스토는 이탈리아어로 '으깨다, 갈다'라는 뜻을 가진 소스예요. 믹서가 없던 시절에는 절구에 바질과 올리브오일을 넣고 빻아 만들었지요. 바질페스토의 신선함과 애호박의 아삭함을 샌드위치에서 느껴보세요.

ASSEMBLE

Base
바질페스토애호박샐러드 4큰술 **P184 참조**

Sub Ingredient
베이컨 2장 (굽기: 올리브오일 1과 1/2큰술), 적양파 1/4개

Bread
바게트 1/4개

Sauce
엑스트라버진 올리브오일 2큰술

RECIPE

1. 바게트는 반 갈라 오븐이나 팬에서 노릇하게 굽는다.
2. 베이컨은 올리브오일을 두른 팬에 바삭하게 구워 키친타월 위에 올려 기름기를 제거한다.
3. 적양파는 먹기 좋게 약 0.5cm 두께의 링 모양으로 썬다.
4. 구운 바게트 안쪽에 엑스트라버진 올리브오일을 바르고 적양파, 애호박바질페스토샐러드, 베이컨을 순서대로 올려낸다.
5. 과일을 곁들여 먹어도 좋다.

TIP
다양한 채소와 어울리는 바질페스토
바질페스토는 쉽게 색이 변할 수 있으니 가능한 빨리 먹는 게 좋아요. 애호박 대신 가지나 아스파라거스 등의 채소와도 잘 어울려요.

지중해풍 샌드위치
by 발사믹에 볶은 해산물샐러드 응용

아보카도무스와 새우샌드위치
by 아보카도무스 응용

지중해풍 샌드위치
by 발사믹에 볶은 해산물샐러드 응용

발사믹은 이탈리아어로 '향기가 좋다'는 뜻을 가지고 있어요. 그만큼 향이 좋고 깊은 맛을 내지요. 질 좋은 발사믹식초는 오크통에서 10년 이상 숙성해 만들기도 합니다. 발사믹에 해산물을 볶으면 비린내는 사라지고 풍미가 좋아지죠. 샌드위치 속재료로 활용해보세요.

ASSEMBLE

Base
발사믹에 볶은 해산물 3큰술 **P056 참조**

Sub Ingredient
루꼴라 20g, 프리세 5줄기, 적양파 1/4개,
토마토 1/2개, 올리브 10개

Bread 🥖
바게트 1/4개

Sauce
엑스트라버진 올리브오일 2큰술

RECIPE

1. 바게트는 반 갈라 오븐이나 팬에서 노릇하게 굽는다.
2. 올리브는 곱게 다져 발사믹에 볶은 해산물과 섞는다.
3. 루꼴라와 프리세는 찬물에 담갔다가 체에 받쳐 물기를 뺀다.
4. 적양파와 토마토는 0.3cm 두께의 링 모양으로 썰고, 그라노파다노치즈도 얇게 썬다.
5. 구운 바게트 안쪽 면에 엑스트라버진을 뿌리고 루꼴라, 프리세, 적양파, 토마토, 치즈, ②의 볶은 해산물을 올린다.
6. 남은 바게트로 덮어 마무리한다.

TIP

발사믹드레싱에 해산물을 볶아도 맛나
졸인 발사믹리덕션이 없다면 발사믹드레싱에 해산물을 볶아 사용하세요. 볶을 때 버섯, 호박, 양파 등을 곁들이면 일품요리로 즐기기 좋아요.

아보카도무스와 새우샌드위치
by 아보카도무스 응용

아보카도를 믹서에 가볍게 갈아주면 부드러운 무스가 완성되지요. 빵에 발라 먹어도 좋고 샐러드 드레싱으로 활용해도 좋아요. 오늘은 새우를 넣어 멋진 샌드위치를 만들었어요. 신선한 아보카도무스를 바게트와 함께 입안 가득 음미하세요.

ASSEMBLE

Base
아보카도무스 5큰술 P029 참조

Sub Ingredient
왕새우 5마리 (굽기: 올리브오일 1과1/2큰술),
루꼴라 20g, 적양파 1/3개, 토마토 1/2개

Bread
바게트 1/4개

Sauce
엑스트라버진 올리브오일 2큰술

RECIPE

1 바게트는 반 갈라 오븐이나 팬에서 노릇하게 굽는다.
2 루꼴라는 바게트 길이대로 잘라 찬물에 담갔다가 체에 밭친다.
3 왕새우는 머리와 껍질, 내장을 제거하고 올리브오일을 두른 팬에서 노릇하게 굽는다.
4 적양파와 토마토는 0.3cm 두께의 링 모양으로 썬다.
5 바게트 한쪽 면에 엑스트라버진 올리브오일을 바르고 양파, 토마토, 루꼴라, 구운 왕새우 순으로 올린다.
6 남은 바게트 한쪽 면에 아보카도무스를 넉넉히 바른다.

TIP
아보카도무스 대신 생 아보카도 사용하기
잘 익은 아보카도를 무스처럼 사용해도 좋아요. 샌드위치에 넣을 때는 바게트 안쪽에 올려야 먹기 편해요.

시저샌드위치
by 시저샐러드 응용

감칠맛이 도는 시저드레싱과 베이컨, 아삭한 로메인으로 만든 샌드위치예요. 기호에 따라 시저드레싱에 다진 엔초비나 다진 베이컨, 또는 다진 케이퍼나 피클 등을 넣기도 하지요. 취향에 맞게 드레싱을 만들어 여러 가지 샌드위치에 응용해보세요.

ASSEMBLE

Base
로메인 30g,
베이컨 1장 (굽기: 올리브오일 1과 1/2큰술)

Sub Ingredient
루꼴라 40g, 토마토 1/2개, 적양파 1/4개,
그라노파다노치즈 10g

Bread
바게트 1/4개

Sauce
시저드레싱 2큰술 P028 참조,
발사믹리덕션 2큰술 P030 참조

RECIPE

1 바게트는 반 갈라 오븐이나 팬에서 노릇하게 굽는다.

2 로메인과 루꼴라는 찬물에 담갔다가 체에 밭쳐 물기를 뺀다.

3 적양파와 토마토는 0.3cm 두께의 링 모양으로 썰고, 그라노파다노치즈도 얇게 썬다.

4 베이컨은 올리브오일을 두른 팬에 바삭하게 구워 키친타월 위에 올려 기름기를 제거한다.

5 구운 바게트 안쪽 면에 시저드레싱을 바르고 준비한 속재료를 하나씩 올리고 중간중간 발사믹리덕션을 뿌린다.

6 남은 바게트로 덮어 마무리한다.

TIP
로메인이나 양상추 중 골라 사용
로메인 대신 양상추를 넣어도 좋습니다. 로메인은 드레싱과 섞이면 금방 눅눅해지고 신선함이 떨어질수 있으니 가능한 빨리 드세요.

SANDWICH

프레시모짜렐라샌드위치
by 토마토카르파치오 응용

민트과 허브인 바질은 이탈리아 요리에서 빠지지 않고 등장하죠. 특히 토마토와 최고의 궁합을 이뤄요. 토마토스파게티에 바질잎 한 장만 더해도 향과 맛이 달라지죠. 심플한 재료로 맛있는 샌드위치를 만들고 싶을 때 도전하세요.

ASSEMBLE

Base
생 모짜렐라치즈·토마토 1/2개씩

Sub Ingredient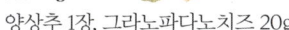
양상추 1장, 그라노파다노치즈 20g

Bread
바게트 1/4개

Sauce
바질페스토 3큰술 **P026 참조**

RECIPE

1. 바게트는 반 갈라 오븐이나 팬에서 노릇하게 굽는다.
2. 모짜렐라치즈와 토마토는 0.3cm 두께로 슬라이스한다.
3. 그라노파다노치즈는 얇게 썰어준다.
4. 구운 바게트 안쪽 면에 바질페스토를 바르고 양상추, 그라노파다노치즈, 토마토, 모짜렐라치즈를 올린다.
5. 남은 바게트로 덮어 마무리한다.

TIP

엑스트라버진 올리브오일 추가
샌드위치 속재료를 넣는 중간중간에 엑스트라버진 올리브오일을 뿌리면 훨씬 풍부한 향의 샌드위치를 즐길 수 있어요. 바질페스토가 없다면 생 바질잎로 대체하세요.

B.L.T샌드위치
by B.L.T샐러드 응용

닭가슴살샌드위치
by 루꼴라닭가슴살샐러드 응용

B.L.T 샌드위치
by B.L.T샐러드 응용

B.L.T는 오래 전부터 인기를 모은 샌드위치 메뉴입니다. 기본이 되는 세 가지 재료에 추가 재료를 넣어 근사한 샌드위치를 만들었어요. 치즈를 넣으면 한결 부드러운 맛을 내어요.

ASSEMBLE

Base
베이컨 2장 (굽기: 올리브오일 1과1/2큰술),
양상추 1/4개, 방울토마토 3개

Sub Ingredient
치커리 20g, 오이 1/4개, 달걀 1개,
체다치즈 슬라이스 1장

Bread
식빵 2장

Sauce
허니머스터드 2큰술 **P031 참조**

RECIPE

1 양상추와 치커리는 먹기 좋은 크기로 잘라 찬물에 담갔다가 사용하기 직전에 체에 밭쳐 물기를 뺀다.

2 달걀은 끓는 물에 약 10분간 삶아 찬물에 담가 껍질을 벗겨 슬라이스한다.

3 방울토마토와 오이는 모양대로 얇게 슬라이스한다.

4 베이컨은 올리브오일을 두른 팬에 바삭하게 구워 키친타월 위에 올려 기름기를 제거한다.

5 구운 식빵 안쪽에 허니머스터드를 바르고 양상추와 치커리를 깐 뒤 준비한 속재료를 모두 올린다.

6 남은 식빵 한쪽으로 덮어 마무리한다.

TIP

여러 가지 드레싱과 매칭하기
베이컨, 양상추, 토마토는 샐러드와 샌드위치의 기본 재료에 속합니다.
3가지만 있어도 근사한 맛을 내주죠. 다양한 드레싱과 매치해도 맛있어요.

SANDWICH

닭가슴살샌드위치
by 루꼴라닭가슴살샐러드 응용

닭가슴살은 지방이 적고 단백질이 풍부한 저지방 고단백 식품이에요. 다이어트를 시작한다면 맛과 건강 모두 챙길 수 있는 샌드위치를 만들어보세요. 신선한 채소와 담백한 고기, 곁들이는 드레싱까지 심플한 샌드위치예요.

ASSEMBLE

Base
닭가슴살 1개
(굽기: 올리브오일 1과 1/2큰술, 로즈마리 2줄기)

Sub Ingredient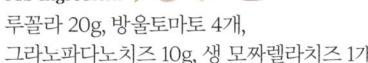
루꼴라 20g, 방울토마토 4개,
그라노파다노치즈 10g, 생 모짜렐라치즈 1개

Bread
식빵 2장

Sauce
엑스트라버진 올리브오일 5큰술,
발사믹리덕션 1큰술 P030 참조

RECIPE

1 루꼴라는 찬물에 담가 사용하기 직전에 체에 밭쳐 물기를 뺀다.

2 닭가슴살은 올리브오일을 두른 팬에 로즈마리와 함께 넣고 굽는다.

3 구운 닭가슴살은 얇게 썰고 방울토마토도 얇게 슬라이스한다.

4 볼에 ③과 발사믹리덕션을 넣고 버무린다.

5 마른 팬에 식빵을 앞뒤로 살짝 굽는다.

6 구운 식빵 안쪽에 엑스트라버진 올리브오일을 바르고 준비한 속재료를 하나씩 올린다.

7 남은 식빵 한쪽으로 덮어 마무리한다.

TIP
식빵에 엑스트라버진 올리브오일 바르기
닭가슴살은 구우면 약간 퍽퍽할 수 있어요. 엑스트라버진 올리브오일을 뿌린 빵에 샌드위치해야 밸런스가 맞아요.

오이크래미샌드위치
by 오이게살샐러드 응용

오이의 시원한 맛과 크래미의 짭짤한 감칠맛이 최고의 궁합을 이루지요. 빵이 구워지는 동안 크래미를 가볍게 찢어주세요. 약간의 후춧가루를 더하면 더욱 색다른 느낌을 내어요.

ASSEMBLE

Base
오이게살샐러드 6큰술 P164 참조

Sub Ingredient
피클 6개

Bread
모닝빵 3개

Sauce
허니머스터드 2큰술 P031 참조

RECIPE

1 모닝빵을 반을 가른 후 오븐 혹은 팬에서 구워낸다.
2 피클은 곱게 다진다.
3 구운 빵 안쪽에 허니머스터드를 바른다.
4 준비한 속재료를 넣어 완성한다.

TIP

오이게살샐러드 활용 노하우
크래미 대신 맛살을 사용해도 좋아요. 팬에 찬밥과 달걀을 넣고 살짝 볶아 오이게살샐러드를 넣어주면 멋진 볶음밥이 완성됩니다.

SANDWICH

SANDWICH

SANDWICH

포테이토샌드위치
by 매시드포테이토와 마카로니샐러드 응용

감자는 정말 우리 식탁에서 빠질수 없는 재료이죠. 볶아 먹고 구워 먹고 조리법도 많아요. 감자를 삶아 체에 내린 후 버터와 섞어 샐러드 속을 만들었어요. 달걀을 넣어 담백함은 더하고 영양분은 높였습니다.

ASSEMBLE

Base
매시드포테이토와
마카로니샐러드 4큰술 P108 참조

Sub Ingredient
달걀 1개 (삶기: 식초 1큰술),
설탕·마요네즈 1큰술씩

Bread
식빵 2장

Sauce
허니머스터드 3큰술 P031 참조

RECIPE

1 달걀은 끓는 물에 식초를 넣고 약 10분간 삶아 찬물에 담갔다가 껍질을 벗겨 으깬다.

2 볼에 으깬 달걀과 설탕, 마요네즈, 샐러드를 섞는다.

3 식빵은 앞뒤로 바삭하게 구워준다.

4 빵에 허니머스터드를 바르고 준비한 속재료를 넣는다.

5 남은 식빵 한쪽으로 덮어 마무리한다.

TIP
샌드위치는 차갑지 않게 즐기기
포테이토샌드위치는 시간이 지나면 차가워져요. 전자레인지에 넣고 살짝 돌려 따뜻하게 즐기세요. 따뜻할 때 더 맛있어요.

INDEX

카페 Salad 메뉴 101
드레싱별 샐러드&샌드위치 찾기

레몬드레싱 — 019
시트러스샐러드 — 052
모둠치즈샐러드 — 060
딸기리코타치즈샐러드 — 062
완두콩키위아보카도샐러드 — 068
알감자샐러드 — 072
래디시와 오이샐러드 — 122
연어감자샐러드 — 124
스페인스타일의 홍합샐러드 — 148
비트과일샐러드 — 152
멜론토마토샐러드 — 174

발사믹드레싱 — 020
청포묵석류샐러드 — 042
안심구이를 곁들인 샐러드 — 048
발사믹에 볶은 해산물샐러드 — 056
시금치수란베이컨샐러드 — 070
허브빵가루를 곁들인 버섯샐러드 — 090
달래관자샐러드 — 138
차돌박이샐러드 — 142
발사믹방울토마토샐러드 — 156
지중해풍 샌드위치 — 204

이탈리안드레싱 — 021
구운 사과와 브리치즈샐러드 — 044
프로슈토와 멜론샐러드 — 054
니스풍 샐러드 — 058
연어구이를 곁들인 꾸스꾸스샐러드 — 094
문어시트러스샐러드 — 160
사과닭가슴살샐러드 — 168
루꼴라닭가슴살샐러드 — 170

참깨드레싱 — 022
미니양배추명란샐러드 — 082
새송이튀김샐러드 — 110
알배추전샐러드 — 140
참치샐러드 — 186

치미추리드레싱 — 023
구운 양파와 닭가슴살구이샐러드 — 100
치미추리안심샐러드 — 126
구운 파프리카로 감싼 참치샐러드 — 178
치미추리샌드위치 — 198

비네거드레싱 — 024
그리스풍 샐러드 — 034
튀긴 라이스페이퍼와 소라샐러드 — 112
중화풍 구운 가지와 옥수수샐러드 — 118
토마토밀푀유 — 162

타이드레싱 — 025
타이풍 해산물샐러드 — 036
주꾸미와 미니양배추의 타이풍 샐러드 — 180
애호박페타치즈샐러드 — 182

바질페스토 — 026
바질페스토오징어샐러드 — 132
엔다이브계살샐러드 — 146
바질페스토애호박샐러드 — 184
바질페스토샌드위치 — 202
프레시모짜렐라샌드위치 — 210

발사믹리덕션 — 030
구운 가지와 토마토소스 — 092
아스파라거스메추리알샐러드 — 102
구운 채소샐러드와 고르곤졸라크림 — 130
구운 콜리플라워샐러드 — 154
구운 토마토샐러드 — 172
토마토카르파치오 — 188

피넛드레싱 — 027
훈제오리오렌지샐러드 — 050
루꼴라와 오렌지샐러드 — 088
콥샐러드 — 096
구운 두부와 버섯샐러드 — 114
월남쌈샐러드 — 116
오이게살샐러드 — 164

허니머스터드 — 031
케이준치킨샐러드 — 038
훈제연어와 오이샐러드 — 040
닭가슴살토르티야샐러드 — 076
콜리플라워와 브로콜리샐러드 — 166
케이준치킨샌드위치 — 194
B.L.T 샌드위치 — 212
오이크래미샌드위치 — 216
포테이토샌드위치 — 218

시저드레싱 — 028
나초샐러드 — 046
시저샐러드 — 066
B.L.T샐러드 — 074
로즈마리향의 감자를 곁들인 로메인샐러드 — 078
시저샌드위치 — 208

엑스트라버진 올리브오일
키위와 올리브부르스케타 — 080
레터스샐러드 — 086
라따뚜이와 바게트 — 098
돌나물바지락샐러드 — 136
모둠콩과 보코치니치즈샐러드 — 176
새우판짜넬라 — 190
치즈샌드위치 — 200
닭가슴살샌드위치 — 213

아보카도무스 — 029
아보카도무스와 엔다이브관자샐러드 — 128
아보카도무스오렌지샐러드 — 158
아보카도무스와 새우샌드위치 — 205

etc :
플레인요구르트 과일요구르트샐러드 — 084
고구마퓨레 콜리플라워피클과 고구마관자샐러드 — 104
버터 매시드포테이토와 마카로니샐러드 — 108
버터 레몬버터치킨과 아스파라거스 — 134
트러플오일 트러플향의 육회샐러드 — 144
생크림 딸기키위과일샌드위치 — 195

카페 Salad 메뉴 101
더 맛있는 이유가 뭘까?

2021년 9월 1일 3쇄 발행

메뉴	이재훈 by TEAM 까델루쁘
펴낸이	문영애
사진	박영하(여름.夏스튜디오)
디자인	Eightball Studio
푸드스타일링	김지현(어시스트 이주연)
협 찬 처	마노도자, 빛희, 윤현상재
인쇄/출력	도담프린팅

펴낸곳	수작걸다
주소	경기 용인시 수지구 고기로 89
전화	02-2066-7044
이메일	suzakbook@naver.com
블로그	blog.naver.com/suzakbook
인스타그램	@suzakbook

ISBN 978-89-6993-026-2 14590

이 책은 저작권법에 따라 보호받는 저작물이므로 무단 전재와 무단 복제를 금지하며,
이 책 내용의 전부 또는 일부를 이용하려면 반드시 저작권자와 수작걸다의 서면 동의를 받아야 합니다.
* 제본에 이상이 있는 책은 바꾸어 드립니다.